KB189525

산승이 마음으로 전하는 안 부

산승이 마음으로 전하는

안 安 부 否

......

지안 스님

조계종
출판사

산에 살다 보면 계절의 변화가 너무나 선명하게 나타
난다. 자연의 본래 모습을 계절마다 산이 가장 먼저
보여준다. 봄이 올 때는 산 밑에서 산 위로 올라가는
것이 보이며, 가을이 올 때는 산 위에서 아래로 내려
오는 것이 보인다. 이러한 산의 정서는 늘 마음속에
사색의 방을 하나 만들어 준다.

이 방에서 나는 산속의 많은 것들을 친구 삼아 대화
하는 시간을 갖는다. 나무와 이야기를 나누고, 구름
과 이야기를 나눈다. 밤에는 달과 별을 보면서 얘기
를 나누기도 한다. 또 만난 적 없는 사람들과의 대화

를 소원하며 멀리 마을에 대고 이야기를 한다. 숲 속
을 거닐면서 가볍게 불어오는 바람을 따라 나의 사색
이 천리만리 밖으로 여행을 떠나기도 한다.

'나'와 '너' 사이의 보이지 않는 벽을 허물고, 안부를
묻고, 생각을 나눈다는 것, 대화를 한다는 것, 그것이
산거山居생활의 즐거움 아닐까.

사람 사는 세상은 스스로 이야기를 만든다. 슬프고,
괴롭지만 또한 아름답기도 한 이야기들을 만들면서
하루하루 시간은 흐른다. 그렇게 만들어진 이야기를
나누는 일에 시간 가는 줄 모른다. 비록 세월이 무상
하다 하지만 이야기 속에서 진리를 찾아낼 수 있다면
그것은 영원의 표상이 될 수 있을 것이다. 말 속에 말
없는 뜻이 있기 때문이다.

그 말을 옮겨 담은 글에 지혜 또한 담기게 되면 문자
반야文字般若가 된다고 한다. 불교 경전의 말씀을 문자
반야라고 부르는 것처럼 뜻이 깊은 좋은 글은 '문자
반야'가 될 수 있다. 다만 글이 반야가 되기 위해서는

올바른 생각을 바탕으로 써야 하고, 독자가 지혜로운 생각을 하게 도와야 한다. 그러함 때문인지 글을 쓰는 일은 내게 또 하나의 수행이기도 하다.

나는 부처님의 이야기를 가장 많이 듣고 살았다. 평생 경전을 보고 살았으므로 보고 들은 것이 대부분 부처님과 관계된 이야기다. 부처님 이야기는 세상과 인생을 잘 담아내고 있다. 결국 중생과 사람의 이야기이며, 보고 듣는 이들의 심금을 울릴 때가 많았다. 그런 부처님의 이야기를 평생 함께해 왔으니 부처님께서 그러하셨던 것처럼 내 수행의 세월이 이 세상을 사는 많은 이들에게 감로가 되었으면 한다고 염원한 것. 이 책을 쓰게 된 계기라면 계기이다.

한 번이라도 바른 생각을 할 수 있다면 인생의 의미는 누구에게나 새로워질 수 있다.

사람은 생각 하나로부터 무수한 행동이 시작된다. 스스로에게 용기를 주기도 하고, 절망을 주기도 한다. 등이 굽어지면 곱사가 되듯 생각이 바르지 않으면 정신의 곱사가 되어 버릴 것이다. 그런데 이 바른 생각은 이야기처럼 나눌 수 있는 것이어서 좋은 생각을 다른 사람과 나누는 것은 행복한 인생을 나누는 것과 다르지 않다. 많은 사람들이 좋은 생각을 하고 나눌수록 세상은 그만큼 밝아질 것이기에, 세상과 모든 사람에게 안부를 묻는 이 책의 글들이 읽는 이들로 하여금 희망을 갖게 하는 데 도움이 되었으면 좋겠다.

끝으로 이 책의 출판을 맡아 수고해 준 조계종출판사 관계자들과 이 책에 훌륭한 사진을 싣게 허락해 준 사진작가 조완 씨에게 고마움을 표한다.

영축산 통도사 반야암 지월당에서
지안 씀

목
차

서 문   04

첫 번째 이야기

생각이 운명이다

• 눈이 다르면 보이는 것도 다르다   16

• 오늘이 내 인생의 최고의 날이다   24

• 인생은 출렁거리는 구름다리와 같은 것   31

• 무엇 때문에 이러는가?   38

• 좋아지는 것과 싫어지는 것   44

• 경신수야庚申守夜의 전설   51

• 말 없는 말   56

• 모르는 것이 약이 될 때   64

• 마음을 하나로   71

• 화를 예방하는 안전핀은 없는가   77

• 참된 생명   84

• 인생에도 여백이 있어야 한다   92

• 행복의 뿌리를 가꾸는 사람   97

두 번째 이야기

마음이 제일 어렵다

• 병을 선지식으로 삼으라   106

• 침을 맞으며   110

• 사바세계를 이기려면   116

• 인연을 발전시키며 살아야 한다   121

• 불교의 마음은 자비심이다   130

• 사람은 좋은 염파念波를 가져야 한다   134

• 소처럼 걸으며 호랑이처럼 보라   140

• 가을이 올 때마다   150

• 책과 바보 얼간이   156

• 가을과 기도   164

• 다시 시작하는 마음으로   170

세 번째 이야기
내 안에, 내가 있다

• 무엇을 남기고 가야 하는가   182

• 생각의 디자인 무심연습   188

• 운수運數와 재주   195

• 믿음의 손을 달고   204

• 윤회의 점수   211

• 태양은 밤낮이 없다   217

• 꽃을 피우는 마음   224

• 눈병 난 사람에겐 허공 꽃空華이 보인다   230

• 꽃에서 푸대접하거든 잎에서나 자고 가자   236

• 사유의 정물화   239

• 믿음의 길   246

• 산창山窓에 매화가 필 때   252

• 절제와 겸손   258

• 겨울 산 이야기   265

• 부처님이 전하는 안부   272

모든 것은 한순간도 가만히 있지
않고 변하는 법이다
세상이 그렇고 이 몸과 마음 또한
그러하다.

....

생
각
이

운
명
이
다

....

....

가장 좋은 것은 업식을 순화하여
소박하고 순수한 마음으로 돌아가는 것이다

....

눈이 다르면
보이는 것도 다르다

보고 듣는 시청각으로 인해 사람에게는 수많은 견해
가 생긴다. 보고 듣는 것이 없으면 우선 외부세계를
알 수가 없다. 객관에 대한 가치의식이 일차적으로
보고 듣는 감각을 통하여 일어나기 때문에 보고 듣
는 것이 사람 사는 생활의 주요 영역이다. 문화가 발
달된 현대에 와서는 보고 듣는 것이 없으면 허전해지
고 심심해지기 일쑤다. 매일 TV를 보고, 차를 타거나 길을 걸어가면서도 귀에 이어폰을 끼고 다니는 사람들을 자주 본다. 이런 것이 이제는 생활문화의 한 모습이 된 듯하다. 사람들이 밖으로 나다니는 것도 어쩌면 보고 들을 것을 찾기 위해서라고 할 수 있을 것이다. 볼 것과 들을 것을 따라 움직이는 것이 사람의 활동이라고 해도 과언이 아니다. 그런데 보고 듣는 것의 결과가 사람에 따라 다르다. 무엇을 보고 듣느냐 하는 선택을 가지고 말하는 것이 아니라 똑같은 것을 보고 들어도 서로의 느낌이 다르고 이해하고 판단하는 견해가 다르다는 말이다.

일수사견一水四見이라는 말이 있다. 물 하나를 두고 네 가지로 본다는 말이다. 인간은 액체인 물로 보지만 천상 사람들은 고체인 유리로 보고, 아귀는 기체인 불로 보며, 고기들은 자기들이 사는 공간인 방으로 본다는 것이다. 똑같은 물이 누가 보느냐에 따라 다르다는 것은 사물에 고정된 실체가 없다는 뜻도 되지만 마음에 의해 모든 것이 결정된다는 일체유심조一切

唯心造의 뜻이기도 하다. 모든 것은 마음이 만들어 놓은 결과라고 보는 유심대의唯心大義는 마음이 어떤 마음이냐에 따라 객관경계가 결정된다는 뜻으로 모든 것의 원인은 마음이라는 것이다.

마음에는 업식業識이 있다. 본래 생각을 일으키지 않던 참되고 한결같은 순수한 진여眞如의 마음이 무명無明의 기운에 의해 움직여져 최초의 원초적인 생각을 일으키는 것을 말한다. 이 업식이 점차로 생각을 키워 마음 자체를 물들이는 것을 업식훈습業識熏習이라 말한다. 사람은 누구나 업식훈습에 의하여 자기의 생각을 만든다. 사람마다 업식훈습이 다르다. 그것이 결국에는 서로 다른 습관을 만들고 서로 다른 성격을 만든다. 고정관념을 만들게 되는 것도 이 때문이다. 사람은 누구나 자기 마음을 물들여 놓고 그 마음으로 객관에 대한 지견知見을 낸다. 마치 햇빛이 강할 때 선글라스를 쓰고 경치를 보는 것과 같다. 안경알의 색깔이 입혀져 물체가 보이듯이 객관에 나타나는 경계가 업식이 훈습된 대로 임의적으로 보이게 된다. 그래서 똑같은 현상을 정반대로 다르게 보는 경우가 생긴다. 왜냐하면 업식에 훈습된 자신의 마음을 분별하여 생각을 만들기 때문이다. 그러므로 객관경계를 분별하는 것은 기실 마음의 그림자를 분별하는 것이다. 『대승기신론』에도 '일체 분별은 자신의 마음을 분별하는 것'이란 말이 나온다.

또 대승불교의 교설에서 공空의 이치를 설명할 때 중생이 가진 눈에 따라 모양과 색깔이 다르게 보인다는 말을 한다. 예를 들어 말하면 사람 눈에 보이는 빨갛거나 노란, 특정 색깔이 짐승들의 눈에는 전혀 그렇게 보이지 않는다 한다. 모양도 마찬가지다. 따라서 색깔이나 모양은 눈이 결정하는 것이란 말이다. 실상에서 보면 공한 것인데 업식에 훈습된 마음, 곧 물들어진 마음이 빨갛다, 파랗다는 판단을 내린다. 사람도 개개인에 따라 업식이 다르다. 이는 곧 사고방식이 다르다는 것을 의미한다. 같은 현상을 두고도 보는 각도가 달라 서로 다르게 보고 또 다르게 주장

한다. 동쪽에서 서쪽으로 길을 가고 있는 사람을 동쪽에 있는 사람이 볼 때는 '간다'가 되지만 서쪽에서 보는 사람에게는 '온다'가 되어 반대의 개념이 생기는 것처럼 마음이 어떻게 훈습되었는가에 따라 다르게 보는 것이다.

문제는 같은 것을 두고 각자가 다르게 본다는 점이다. 똑같은 현상을 두고도 사람마다 느끼는 감정이 다르기 때문에 하나의 현상이 여러 가지 견해를 낳게 된다. 결국 서로 견해가 다를 때 자기 주장을 내세우며 남의 주장을 배척하게 된다. 그리하여 남을 배타시하는 아집을 갖고, 독선적 이기심을 발휘하게 되어 대립과 갈등이 생기는 것이다. 이것이 사회적으로 파급되어 비슷한 생각을 하는 사람들끼리 동류의식을 가지게 되고, 집단적 이기주의를 만들어 결과적으로 파벌이 생긴다. 이러한 틈바구니 속에서 나오는 것이 객관적 사실을 호도하여 왜곡시키는 거짓이다. 엄연한 객관적 규식을 고의적으로 깨뜨리며 기만적인 전법을 구사하게 된다. 심지어 사슴을 말이라고 주장하는 억지를 부리며 권력을 쥐고자 하는 욕망에 빠진다.

진시황이 죽은 후 권력을 장악한 환관이었던 조고趙高가 새 황제 호해胡亥에게 사슴을 말이라고 하며 바쳤다는 고사가 있다. 이때 많은 신하들이 있는 앞에서 사슴을 가리켜 말이라 했는데 왕을 기만하는 이 말을 듣고도 조고의 보복이 두려워 누구 하나 감히 바른 말을 하지 못했다고 한다. 그때 왕이 사슴을 왜 말이라 하느냐고 물었는데도 많은 신하들이 조고를 따라서 말이 맞다고 말했다는 것이다. 지록위마指鹿爲馬라는 고사성어가 이렇게 만들어졌다.

가장 좋은 것은 업식을 순화하여 소박하고 순수한 마음으로 돌아가는 것이다. 그리하여 순수한 자연인이 되어 나와 남을 이롭게 하면서 산다면 사슴을 말이라 할 일은 없지 않을까?

····

오늘이 내 인생의
최고의 날이다

세속적 가치기준에서 볼 때 잘산다는 것은 가난을 극
복하고 부를 누리는 것이다. 말하자면 의·식·주의
고급화를 통한 물질적 풍요를 이루는 것, 결국 경제
수준을 가지고 잘산다 못산다 하는 것이다. 물론 경
제적인 부가 인생의 전부일 수 없지만 경제적 기반에
의해 생활수준이 높아지는 것은 두말할 여지가 없다.
소위 세속에서 추구하는 오복五福이라는 것도 경제적

바탕에서 이루어진다. 수壽, 부富, 강녕康寧, 유호덕攸好
德, 고종명考終命 등이 좋은 섭생에서 이루어지므로 물
질적 가치가 높은 비중을 차지하게 된다. 산업사회
이후 자본주의 발달과 함께 인간이 추구해 온 삶의
가치는 물품 생산을 위한 과학적인 노력이었다. 지금
도 세계는 이 문제를 위한 경제적 번영을 최우선으로
국제 간의 노력이 경주되고 있는 실정이다.

이렇듯 경제를 우선하는 세속적 가치는 일차적으로
생존보호에 목적이 있다. 동시에 육체적 관능을 생리
적으로 만족시키려는 노력들도 들어 있다. 하지만 오
욕五慾이라는 낙을 추구하면서 인생을 즐기고 싶어 하
는 범부의 속성을 가지고는 삶의 본질적 의미를 찾
아 낼 수 없다. 불교에서는 세속적 가치에 치우친 사
고방식을 하나의 집착으로 간주한다. 향락을 누리는
것이 인생의 본래 목적이 아니라는 것이다. 왜냐하
면 인생은 인연 따라 나고 죽는 지극히 무상한 것이
라 결국 괴로운 존재이기 때문이다. 따라서 세속적인

부귀영화가 삶의 본질적 의미가 되지 못한다고 한다. 결국 비본질적 문제에 구속되지 않기를 바라는 것이 불교의 입장이다. 깨달음을 추구하는 불교의 근본 입장은 바로 진정한 자아실현을 위해 세속적 장애를 극복하는 일이다. 이것을 극복하고자 하는 것을 수행 혹은 수도라고 말한다. 그러므로 불교적 삶, 아니 본질적 가치 추구를 도모하는 삶에 있어서는 무엇보다도 내 인생 안에 수행의 의지가 들어 있어야 한다. 이 수행의지는 부처님을 본받는 하나의 배움의 자세로, 쉽게 말하면 자신에 대하여 탐구하는 마음공부이다.

"나는 누구인가?", "나는 무엇인가?"를 스스로에게 묻고 사는 것은 세속적 가치에서 출세간적 가치로 전향을 일으키는 일이다. 이러한 가치 전환을 통해 발심을 하게 되면 자신의 인생관을 새롭게 세우게 된다. 이때 비로소 소아의 이기적 자기 껍질을 벗고 대아의 새로운 자기 모습을 찾게 되는 것이다. 여기서부터 좋은 업을 지어가는 돈오적인 자각이 일어나게 된다. 불교에서는 중생을 업보중생業報衆生이라고 한다. 중생은 누구나 숙세의 업보를 가지고 있다는 뜻이다. 다시 설명한다면 지난 세상에 내가 한 행위, 곧 업의 결과로 현재 나 자신의 인생 상황이 초래되었다는 것이다. 따라서 우리의 상태가 현재 어떠한가는 과거의 원인이 가져온 결과임을 밝혀 주는 것이 업이론業理論이라 할 수 있다.

삶이란 업의 연출이기 때문에 모든 것은 업에 따라 나타나는 것이다. 업이 좋으면 삶이 편안한 것이고, 업이 나쁘면 삶은 불행해진다는 것이 인과의 원리인데 사람이 살면서도 이 원리를 숙지하고 살기가 매우 어렵다. 왜냐하면 사람은 알고 있는 어떤 지식이 있다 하여도 이기적 욕망을 앞세워 그 지식을 이용하거나 혹은 일부러 그 지식을 무시해 버리고 행동하는 경향이 있기 때문이다. 그래서 깨달은 마음과 깨닫지 못한 미혹의 마음이 삶의 질을 결정하는 기준이 되어 마음에 의해 천차만별의 인생이 연출되는 것이다.

『화엄경』에는 사람의 마음을 화가에 비유해 설명해
놓은 구절이 있다.

"마음은 그림을 그리는 화가처럼 이 세상 모든 것을
만들어 낸다. 이 세상 어떤 것도 마음이 만들어 내지
않는 것은 없다心如工畵師 造種種五陰 一切世間中 無法而不造."

마음이 세상을 만든다는 것은 마음 밖에 세상이 없
고, 마음 안에 세상이 있다는 말이다. 달리 말하면 삶
의 가치가 마음에 있다는 것이다. 그러므로 인생에
있어서 가장 중요한 일은 마음 잘 쓰고 사는 일이다.
마음 한 번 잘 쓰면 극락이 생기고, 마음 한 번 잘못
쓰면 지옥이 생긴다는 말은 예로부터 자주 해 온 말
이다. 또 "땅에 넘어진 자, 땅을 딛고 일어난다因地而倒
者 因地而起"는 말처럼 마음에 의해 넘어졌다, 마음에 의
해 일어나는 것이 인생이다. 마음에 의해 넘어졌다는
것은 미혹으로 정신을 차리지 못한 것이요, 마음에
의해 일어난다는 것은 대오 반성하여 자신을 바르게
하는 일이다. 번뇌 때문에, 망상 때문에 우리는 넘어
진 마음이 되기가 일쑤다.

어느 날 부처님이 숲길을 걷고 있었다. 그때 마침 맞은편에서 청년 두어 명이 뛰어오고 있었다. 부처님 앞에 가까이 온 청년들이 여자 한 사람 지나가는 것을 보지 못했느냐고 물었다. 부처님이 왜 여자를 찾느냐고 물었더니 친구들과 어울려 야유회를 나오면서 흥을 돋우기 위해 기생을 한 사람 돈을 주고 데려왔는데 한창 놀다가 피곤해 잠시 낮잠을 자며 쉬는 사이 여자가 소지품들을 훔쳐 달아나 버렸다는 것이었다. 훔쳐 간 물건을 되찾기 위해 여자를 잡으러 온 청년들이었다.

이 말을 들은 부처님이 청년에게 이렇게 말씀해 주었다.

"청년들이여, 잃어버린 물건을 찾기 전에 먼저 찾아야 할 것이 있다. 그대들의 잃어버린 마음을 먼저 찾는 일이다."

인생은 예술이다. 화가가 그리는 그림이요, 음악가가 부르는 노래이다. 잘 쓰는 마음에 행복이 있다. 마음에는 충족된 의미가 살아 있어야 한다.

....

인생은 출렁거리는
구름다리와 같은 것

내가 살고 있는 영축산 통도사 산내 암자인 반야암
은 계곡을 끼고 있다. 절 오른쪽으로 우거진 숲길을
따라 조금 올라가면 바위 사이로 물이 흘러내리는 꽤
깊은 계곡이 있다. 이 계곡의 물이 절 마당가를 지나
며 아래로 흘러간다. 비가 많이 올 때는 물소리가 크
게 들려온다. 어느 해 장마철 폭우가 쏟아질 때 계곡
의 물이 범람하여 절 마당을 못으로 만든 적도 있다.

마당가에서 시내를 건널 수 있도록 구름다리를 하나 만들어 놓았다. 10m 정도 되는, 절의 역사와 같은 15년의 나이를 가진 다리이다. 이름 없는 다리이지만 이제는 반야암의 명물이 되었다. 이 다리는 사람이 건널 때마다 출렁거린다. 굵은 철사로 된 줄에 철판을 가로 붙여 고정해 놓았기 때문에 밟고 지나가면 자연적으로 출렁거린다. 가끔 등산객이나 관람객들이 이 출렁거리는 것을 즐기려고 일부러 다리 위에서 발에 힘을 주어 쾅쾅 밟아 다리가 세차게 출렁거릴 때가 있다. 언젠가는 어머니를 따라 절에 왔던 어린 꼬마가 다리 위에서 장난치며 놀다 다리 아래로 떨어져 물에 풍덩 빠져 버린 적도 있었다. 그동안 아이가 물에 빠진 사고는 세 번이나 있었다. 어른들이 빨리 건져 다치지는 않았지만 그중 한 아이는 그때 놀란 후유증으로 한동안 절에 오는 것을 꺼려하더라는 말도 들려왔다.

아이들뿐만 아니라 어른들도 구름다리에 올라가면 구르기를 좋아한다. 일부러 다리를 흔들며 서로 장난을 하고 괴성을 지르기도 한다. 어찌 보면 참으로 유치하다고 느껴지기도 하지만 사람이 본래 가지고 있는 호기심이나 모험심의 발동이 아닌가 생각될 때도 있다. 하지만 다리 위에서 어른이 계속 탕탕거리는 것은 그다지 점잖아 보이지 않는다.

사람의 행위는 마음속에 일어난 생각에서 시작된다. 생각도 하나의 행위이지만 밖으로 표시가 되지 않아 무표업無表業이라 한다. 사람은 누구나 밖으로 표시되지 않는 무표업의 힘을 자신 안에 내재해 두고 있다. 때로는 이것이 밖으로 튀어나와 얄궂은 행동을 불사할 때도 있다. 구름다리를 사람이 출렁거리게 하는 것을 볼 때마다 나는 무표업이 표업表業이 되는 이치를 생각해 본다.

바람에 나뭇가지가 흔들리는 것처럼 세상의 모든 것은 물리적 동작을 일으킨다. 생명체인 유정有情의 활동뿐만 아니라 때로는 무정에도 동작이 일어난다. 바위가 깨어지는 현상과 같은 것이다. 물론 사람의 눈에 보이지 않는 움직임도 있다. 지구가 돌고 있는 것처럼 천체도 움직인다고 천문학에서는 말한다. 중생들도 업의 입장에서 볼 때 움직이지 아니하면 사는 것이 아니다. 생명체가 가지고 있는 기운氣運이라는 것이 하나의 동력을 의미하는 것이 아니겠는가. 문명이 발달할수록 이 동력에 의한 활동량이 증가하게 된다. 점점 속도가 빨라지고 행동반경이 더욱 넓어져 간다.

그런데 이 동작이 문제가 되는 시대가 되었다. 동작이 문제가 된다는 것은 동작이 잘못된다는 이야기다. 쉽게 말하면 동작이 잘못되어 사고事故가 생긴다는 것이다. 세상 일이 문제가 되는 것은 자꾸 사고가 일어나기 때문이다. 예를 들면 사람 힘으로 어쩔 수 없는 천재天災가 일어나고, 교통사고와 같은 수많은 인재人災가 일어나는 것이다. 이러한 외부적 재앙이 빈번하므로 안심하고 있을 수 없는 내부적 불안과 공포

가 쌓이면서 안전이 보장되지 않는 세상에 대한 걱정
이 늘어 가고 있다. 우리는 매일 사고 소식을 전해 들
으면서 살아간다. 사고가 없으면 뉴스거리가 없을 정
도다. 지역에 따라 혹은 나라에 따라 충격적인 사고
가 매우 빈번하게 일어나고 있다. 물론 어느 시대를
막론하고 사고는 생기는 법이라 하겠지만 분명한 것
은 현대화되어 갈수록 사고발생률이 높아져 간다는
것이다. 더구나 여행문화가 발달하면서부터 교통사
고가 압도적 우위를 차지하고 있다. 운전이 잘못되어
일어나는 사고가 교통사고이며, 이는 곧 동작이 잘못
된 것이다. 따라서 동작을 주의하지 않으면 안 된다.
사고예방의 첫 번째 조건이 동작 주의인 것이다. 그
리고 동작을 주의하기 위해서는 먼저 정신을 똑바로
차려 올바른 생각을 갖고, 표업화表業化되어 밖으로 나
타나는 행동에 실수가 없도록 해야 한다. 세상의 출
렁다리를 함부로 쾅쾅 밟아서는 안 된다. 누구에게나
개인이 살아가는 인생의 다리가 있다면 필시 출렁다
리일 것이다.

작금의 우리 사회에 일어난 충격적인 사건들의 개요를 근원적으로 살펴보면 모두가 불량한 정신 때문이라고밖에 말할 수 없다. 정신상태가 불량하면 책임에 대한 본분을 망각하며 스스로의 진심眞心을 유린하는 결과를 가져온다. 모든 사고는 이 기회를 노려 터져나오는 것이다. 세상을 조심히 살기 위해서는 자신의 마음을 조심해야 한다. 고도의 문명세계가 우리를 세상에 대하여 방심할 수 없도록 만들어 가고 있다.

....

무엇 때문에 이러는가?

며칠 전 밤늦게 잘못 걸려온 전화를 받고 기분이 몹시 불쾌했던 적이 있다. 자정이 넘은 시간에 술 취한 음성으로 전화를 건 사람이 받자마자 다짜고짜 버럭 고함을 지르면서 욕설을 퍼붓는 것이었다. "누구시오? 전화 잘못 걸었소." 하고 끊었는데도 재차 전화를 걸어 와 횡설수설 알아들을 수 없는 이야기를 하였다. 물론 상대방의 실수로 인해 잘못 걸려온 전화에 불

과한 것이긴 하지만 이것도 하나의 피해사건이라 할
수 있다. 문명이 고도로 발달해 문화의 패턴이 달라
진 현대사회이지만 의외로 생활 피해사건이 많다. 특
히 전화에 시달리는 경우가 한두 번이 아니다. 알 수
없는 이상한 단체 이름을 대면서 성금을 보내 달라는
전화가 있는가 하면 약이나 책을 사 달라고 전화판촉
을 상습적으로 하는 사람들도 있다.

특히 작은 사찰이나 암자마다 이런 전화가 쇄도한다
고 한다. 각박한 세상에서 살아남기 위해 수단과 방
법을 가리지 않고 이익을 취하려는 사람들의 발버둥
에 가까운 몸부림이라고 생각하면 불쌍한 생각이 들
기도 하지만, 이런 식으로 아무에게나 무작위 호출을
하여 동냥을 보태 달라는 식은 곤란한 일이다.

누군가가 하는 일이 다른 사람들의 이해를 얻지 못
한다면 그 일은 결코 옳은 일이 될 수 없다. 물론 숨
은 뜻이 무엇인지 진의를 몰라 오해를 해서 남의 일
을 잘못 판단하는 수도 있겠지만, 어떤 일이든지 합
리적인 이유를 가지고 남이 수긍할 수 있는 명분을

가져야 한다. 여기에는 정직하고 진실한 마음이 전제
되어야 한다.

철학을 하는 사람들 사이에 '인생은 자신에 대한 의문
으로 시작된다'는 말이 있다. "내가 왜 이러는가? 무
엇 때문에 이러는가?"에 대한 의문을 스스로에게 던
져 보아야 한다는 말이다. 수도자들에게 있어서도 마
찬가지다. 불교의 궁극적 깨달음은 다름 아닌 자기
정체의 확인이다. 자기 정체성을 바로 파악하는 것이
깨달음이다.

우리는 자기 인생의 목적을 세워 두고 거기에 이유
를 붙인다. 나는 무엇 때문에 이것을 한다는 식의 자
기 변辨을 가지고 자신을 합리화시켜 입장을 세운다.
그러면서 남과의 입장 차이를 가지게 된다. 따라서
입장이 달라 남과 다른 내가 되는 것이다. 이러한 입
장 차이 때문에 여러 사람들과 어울리는 공동관계에
서 개인의 입장이 난처해지거나 곤란해지는 경우가
허다하다. 이럴 때 남으로부터 자기 입장에 대한 지
지와 배려를 받고 싶어 하게 된다. 여기에서 서로 상

충된 입장이 있을 때 내 입장은 지지와 배려를 받고 싶으면서도 남의 입장을 지지해 주거나 배려해 주지 않는 모순이 생긴다. 다시 말하면 자기 주장만 내세우면서 남의 주장을 무시하게 된다는 말이다. 이것을 아상我相과 인상人相의 충돌이라고 한다. 그래서 중생의 세계는 항상 아상과 인상이 난무하는 세계가 된다.

『금강경』에서 부처님은 무아법無我法을 통달한 자를 보살이라 한다고 하였다. 내가 없다는 무아의 이치를 터득하여 어떤 관념적 고집에서 벗어나 자타의 대립 충돌을 사전에 예방하여 살아가는 삶의 길이 있다는 것을 가르쳐 보인 것이다. 사실 사람이 사는 생활방식은 저마다 다르다. 직업의 선택에 따른 생활이 다를 뿐만 아니라 습관에 의한 차이도 얼마든지 있다. 옛말에 '창을 만드는 사람은 방패를 뚫지 못할까 걱정하고, 방패를 만드는 사람은 창을 막지 못할까 걱정한다'고 하였다. 입장이 다른 두 사람의 걱정에 아랑곳없이, 결과는 창이 강하고 날카로우면 방패를 뚫고, 방패가 튼튼하면 창이 뚫지 못하게 된다.

인연에 따라서 결과의 상황은 어떻게든지 나타나게 된다. 이 결과의 상황을 무심히 수용하는 여유로운 마음을 가지고 살아야 한다. 어떤 면에서 볼 때 내가 바라는 어떤 결과가 뜻대로 이루어지지 않았다고 핑계를 대고, 변명을 하면서 자기 입장을 끝까지 지키려고 할 필요가 전혀 없는 것이다. 무아란 자기 입장을 놓아 버린다는 뜻이다. 그러므로 보살들은 남의 입장이 되어 내 원력을 키운다. 내 원력 속에는 내 입장과 남의 입장이 함께 일치되어 있다. 불만에 허덕이거나 욕망에 허덕이는 경우 그 불만과 욕망에 자꾸 '왜'라는 의문을 갖다 붙이면, 불만도 없어지고 욕망도 없어지는 법이다. 삶이란 이유 없이 사는 것이고, 조건 없이 사는 것이다. 나고 죽는 생사의 반복을 두고 말할 때 산다는 것은 죽기 위해서 사는 것이고, 죽는다는 것은 살기 위해서 죽는 것이다.

....

좋아지는 것과 싫어지는 것

자석에는 양극이 있다. 이 양극 중에서 서로 다른 극은 인력引力을 가지고 있다. 서로 당기는 힘인 인력은 뭉쳐지는 힘으로서 합쳐져서 떨어지지 않으려는 힘의 작용이다. 반면에 밀어내는 힘인 척력斥力은 하나가 되어 같이 있지 못하고 분리되는 힘으로서 인력과 함께 존재한다. 인력과 척력, 이것은 분열과 통합의 원리를 설명하는 기본 법칙으로 보이기도 한다.

사람이 사는 사회에서도 이 인력과 척력이 작용한다. 뿐만 아니라 개인의 사생활에 있어서도 이 두 힘이 수시로 작용하고 있다. 간단히 말하면 '좋아지는 것과 싫어지는 것'이 이것이다. 못 견디게 그리운 사람을 생각하고 있는 것은 마음속에 그 사람에 대한 인력을 가지고 있는 것이다. 그런가 하면 생각하기조차 싫은 사람도 있다. 이는 척력이 있어서 그런 것이다. 남녀가 사귀다가 결혼을 하는 것은 인력에 의해서이고 살다가 헤어져 이혼을 하는 것은 척력에 의해서라고 할 수 있다.

불교에서는 사람의 생각을 염력念力이라고 한다. 생각도 하나의 행위이며 이 생각 속에도 힘이 들어 있는데, 이 염력이 바로 업력業力이 된다는 것이다. 이 업력의 성질이 같으면 동업이 되고 다르면 별업이 된다는 이론도 있다. 보통 생각할 때 업력이 같으면 동화가 잘 된다고 생각하기 쉬운데, 그 반대의 현상도 있다. 음양의 이치로 말하면 양은 음을 기다리게 되며 음은 양을 기다리게 된다. 성별의 입장에서 보면 암수가 서로 당기는 인력을 가지고 있으며, 같은 성끼리는 밀어내기를 한다는 것이다. 예를 들면 임산부가 딸을 임신했을 때, 아들을 임신했을 때보다 배가 더 부르게 된다는 말이 있다. 그것은 어머니가 여성이기 때문에 아들은 인력을 갖고 바짝 당겨오는 반면 딸은 척력을 갖고 밀어내기 때문이라는 것이다.

다른 것과의 조화를 의미하는 상징적 메시지를 여기서 찾을 수 있다. 우선 생각이 다른 것을 반대로만 보지 말고 견해의 차이에서도 조화를 이룰 수 있다는 것을 알아야 한다. 생각의 차원을 높여서 보면 같지 않을 때 오히려 조화가 더 잘 될 수도 있다는 뜻이다. 세상은 조화를 통하여 평화를 이루어낸다. 서로 다르므로 조화가 필요하며 같은 것은 조화를 필요로 하지 않는다. 군자는 화이부동和而不同이라 하여 높은 인격을 지니고 있는 사람은 조화를 이루어 화목하게 지내지만 같지는 않다고 했다.

우리나라 이혼율이 세계 최고가 되었는데 그 사유에

는 성격 차이가 큰 비중을 차지하고 있다고 한다. 그러나 이 성격 차이가 오히려 인력을 발휘할 수 있는 좋은 여건이 될 수도 있음을 알아야 한다. 오히려 서로 다른 것끼리 더 잘 조화될 수 있기 때문이다. 그런데도 척력을 발휘해서 갈라서기를 좋아하는 세태가 만연하다. 이러한 배타적 척력이 높아지면 사회는 균열이 일어난다.

현재 우리 사회는 편 가르기로 균열을 이루는 매우 불안한 모습을 보이고 있다. 당파적 붕당이 정계에서뿐만 아니라 사회 전체에 일어나고 있는 것 같다. 종교문화계에서조차 분파주의의 편 가르기가 유행처럼 번진다. 내 편이 아니면 여지없이 배척하려는 이기주의 때문에 사회 안녕이 저해될 지경이라고 한다. 개인이 자기 인생을 살아가면서 인생관을 선택하는 것은 편을 갈라 소속되기 위한 것이 아니다. 종교적 선택이나 철학적 선택은 삶의 질을 높이기 위한 방편상의 선택일 뿐이다. 떼를 지어 집단적 이익을 도모하

겠다는 것은 수도修道상에서 보면 객관에 집착하는 법집法執에 불과하다. 집착 없이 살라고 부처님은 가르치셨다. 『수타니파타』에서는 "무소의 뿔처럼 혼자서 가라"고 하였고, 또 "그물에 걸리지 않는 바람처럼 진흙탕 물에 젖지 않는 연꽃처럼 살라"고 했다. 편을 갈라 공연히 불화를 조성해서는 안 된다.

한 가정이 가난해도 식구들이 화목하면 행복하게 살수 있다. 아무리 재산이 많아도 가정 불화가 심하면 그 속에 무슨 행복이 있겠는가? 화목으로 가는 사회가 극락이 되고 천당이 된다. 편 가르기의 대립 자체가 지옥문이다. 사람은 때로 남의 입장도 되어 보아야 한다. 남의 사정에도 관심을 가지고 궁금해 할 줄알아야 한다. 이것이 남에 대한 배려이다. 처음부터끝까지 자기 말만 하려 하고 자기 주장만 관철하려하는 것은 소인배의 독재근성일 뿐이다. 알고 있는지식이 사람을 오만하게 만들어서도 안 된다. 분명한것은 내가 알고 있는 것이나 가지고 있는 것이 나에게 조금 익혀져 있는 것일 뿐 그것이 전부가 아니라는 것이다. 내가 알지 못하는 미지의 세계가 한없이 많다는 사실을 자각해야 한다. 다시 말해 때로는 내가 아는 것을 내세울 것이 아니라 내가 모른다는 사실을 자각해야 한다. 양나라 무제 임금과 대화를 나누던 달마 스님도 바로 "나는 오직 모를 뿐입니다"라는 유명한 말을 남겼다.

····

경신수야庚申守夜의 전설

간혹 사람이 일이 많아 밤에도 잠을 못 자고 일을 하
는 수가 있다. 낮에는 일을 하고 밤에는 집에서 잠을
자는 것이 일반적인 생활이지만 직장생활에서나 집
안의 일 때문에 밤을 꼬박 새우는 일이 가끔 생기게
된다. 이런 경우는 일하기 위한 목적에서지 잠을 자
지 않는 것을 목적으로 하는 것은 아니다. 그러나 어
떤 이유를 가지고 잠을 자지 않는 것을 목적으로 밤

을 새우는 일이 있었다는 것이 역사 속에 전해 온다. 고려시대부터 있었던 경신수야庚申守夜의 풍습이 바로 그것이다. 경신일은 육갑六甲을 짚어 천간天干인 십간十干과 지지地支인 십이지十二支에 경庚 자와 신申 자가 합해지는 날이다.

이 경신일에 왜 잠을 자지 않아야 했는가? 이는 도교道敎에서 유래된 일종의 장생법長生法의 하나로 명命이 줄어드는 것을 막기 위한 방법이었다. 이것이 도교에서는 하나의 신앙풍속으로 정착되어 "경신신앙"이라 말하기도 했다. 도교에서는 60일에 한 번씩 돌아오는 경신일에 사람의 몸에 형체 없이 기생하고 있는 삼시충三尸蟲이라는 것이 사람이 잠든 사이에 몸 밖으로 빠져나가 옥황상제에게 잠든 사람의 죄과를 낱낱이 고한다고 믿었다. 이를 보고받고 상제가 이 사람의 수명을 감축시키는데 삼시충이 한 번 보고할 때마다 3일에서 300일의 수명이 단축된다고 생각했다. 이 때문에 사람이 천수를 누리지 못하므로 삼시충이 몸 밖으로 빠져나가 상제에게 죄과를 알리지 못하도록 경신일에 잠을 자지 않은 것이다.

『고려사高麗史』에는 고려 원종 6년인 1265년 4월 경신일에 태자가 궁중에서 밤새 연회를 베풀고 술을 마시며 조정의 대소신료들이 잠을 자지 않았다는 기록이 있다. 궁궐에서뿐만 아니라 일반 서민들도 이날은 잠을 자지 않았다. 그러니까 1년에 여섯 차례 잠을 자지 않는 날이 있었던 것이다. 불교의 사원에서는 이날에 철야기도를 하는 등 특별 정진을 하는 날이 되었다고 한다.

경신수야의 풍습은 조선조에 들어와서도 이어져 개국 초부터 태조, 태종, 세종, 세조 때도 지켜졌다. 그러나 성종 때 연회의 규모가 커지자 유신儒臣들의 반대가 있었고, 그 후로 차츰 경신수야를 행하는 일이 줄어들다가 영조 때에는 연회를 없애고 밤새 등을 켜는 것으로 대신하였다고 한다. 그러다가 연산군 때 왕이 직접 경신수야를 하자고 권하며 주연을 베풀고 참석한 사람들에게 시를 지어 바치게 하였다고 한다.

오늘날 생각하면 터무니없는 미신 같은 이런 행사가 장수를 위해 행해졌다니 수壽를 누리고 싶은 것은 인간의 최대 소망인 모양이다. 하기야 오복五福 중에도 수복壽福을 제일 첫째로 쳤다. 수壽, 부富, 강녕康寧, 유호덕攸好德, 고종명考終命을 오복이라 하였다. 버나드 쇼도 인생에 있어서 가장 좋은 것은 뭐니 뭐니 해도 오래 사는 것이라는 말을 했다고 알려져 있다. 임금도 직접 경신수야를 하면서 잠을 자지 않았다 하니 그 시대의 정서는 물론 과학문명의 시대와는 현격히 달랐을 것이다.

이 풍습과 비슷한 것에 조왕竈王신앙이 있었다. 조왕이란 부엌신을 말하는데 부뚜막신이라고도 한다. 밥을 지을 때 조왕에게 경건한 마음으로 예를 갖추어 밥이 잘 지어지도록 마음속으로 기도를 하는 풍습은 지금도 남아 있다. 오래된 큰 절의 공양간에는 조왕신의 탱화를 모셔 둔다. 이 조왕신도 인간의 죄과를 상제에게 보고하는데 섣달 그믐날 제야에 상제에게

올라가 죄상을 보고한다. 때문에 이를 막기 위해 섣
달 그믐날 밤에 대낮같이 환하게 불을 밝혀 놓고 밤
을 새우는 풍습이 생기게 되었다. 방이나 마루, 부엌,
뒷간, 다락 외양간까지 모두 환하게 불을 밝혀 놓고
자지 않는 풍습을 "수세守歲"라 하였다. 이날 밤에 잠
을 자면 눈썹이 희어진다는 속언도 생겼다. 윷놀이,
화투 등으로 제야를 지새우는 풍습은 근래에까지 있
었다. 이러한 것이 모두 경신신앙의 유풍이 변화된
것이라고 민속학자들은 말하고 있다.

반야암에서는 매년 여름에 산사 체험 철야 수련회를
열고 있다. 보통 200여 명이 참석하여 밤을 지새우며
정진을 하는 행사이다. 이러한 철야 수련회는 경신수
야와는 또 다른 의미를 가지는 행사다. 이는 내가 나
를 더 깊이 음미하고 체험하는 행사이며 개인의 생애
에 특별한 밤샘으로 기록되는 일이 될 것이다. 한 번
쯤 잠을 자지 말고 나 자신을 찾아보는 것이 어떨까?
경신수야와는 또 다른 의미로서 말이다.

....

말 없는 말

사람들이 가끔 말에서 짜증을 느끼면서 "말 많은 세상"이라고 세상 흉을 보는 수가 있다. 친구 사이에서도 상대방이 하는 말에 싫증이 나면 "무슨 말이 그리 많으냐?" 하고 핀잔을 주기도 한다. 말이란 인간의 의사를 소통시키는 수단이지만 말 한마디가 잘못되면 큰 곤욕을 치르거나 엄청난 낭패를 당하는 경우도 있다. 수도에 임하는 자들을 경책할 때 우선 말부터 조심하라고 이른다. "입이 화근을 불러일으키는 문이니 함부로 입을 열지 말라口是禍門 必加嚴守"고 하였다. 사실 말이란 순간의 감정에 따라 즉흥적으로 내뱉어지는 수가 많기 때문에 자칫 실수나 결례를 범하기 쉬운 약점을 가지고 있다. 사람의 교양 수준이 말씨로부터 나타나기도 한다. 물론 말이 있으므로 사회적 소통이 이루어지는 것도 사실이다.

불교에서는 사바세계를 음성교체音聲敎體의 세계라 한다. 곧 말이 가르침의 바탕이 된다는 뜻이다. 사람이 태어나고 자라면서 제일 먼저 말부터 배우기 시작한다. 언어에 길들여져야 문화 수용도 잘할 수 있다. 오늘날 한국인들이 가장 많이 쏟고 있는 학습열이 말을 배우는 데 있을 것이다. 세계화를 따라가려면 자기 나라 말만으로는 부족하니 외국어를 알아야 한다면서 제1외국어, 제2외국어 하는 식으로 외국어에도 번호를 붙여 공부하고 있다. 해마다 많은 학생들이 어학연수를 한다고 외국으로 간다고 하지 않는가? 말

잘하고자 하는 공부에 인생의 태반을 바치고 있는 것이다. 또한 언론문화가 발달하여 소위 매스컴이 사회의 여론을 주도하는 요즘에는 매일 같이 언어의 홍수가 일어나고 있다. 문화가 발달할수록 사람들이 말을 많이 하고 사는 꼴이다.

말의 유용성에 의하여 문화향상을 가져오는 것도 자명한 사실이겠지만 한 사회에서 말로 인한 파열이 일어나는 것도 없지 않은 일이다. 분명한 것은 말이 지나치게 많으면 세상이 시끄러워진다는 것이다. 시끄럽다는 것은 소음에 시달리는 고통을 유발하여 물 끓듯이 들끓어 고요한 안정이 없어진다는 의미이기도 하다.

오늘날 우리 사회는 매스컴이 너무 발달한 탓인지 침묵의 공간이 부족한 것 같다. 언론에 보도되는 일련의 사건들과 정치 환경에서 지겨운 말들이 너무나 많이 터져 나온다. 내로라하는 사람들의 언행에서도 짜

증나는 것이 많다.

두말할 것도 없이 언어의 참뜻은 소리의 발성에만 있
지 않다. 다시 말해 말 속에는 말 없는 말의 의미가
함께 들어 있으며, 그것은 항상 진정한 의미로 마음
속에 간직되어 밖으로 나오지 않는다. 인간의 행위를
업이라 하며 이 업이 표시되기도 하고 표시되지 않기
도 한다. 표시되는 업은 말과 행동이며, 표시되지 않
는 업은 생각이다. 생각도 분명히 하나의 행위이지
만 이는 밖으로 표시되지 않는다. 표시되는 업은 후
발 업을 유발하여 남에게 영향을 직접적으로 미치지
만, 표시되지 않는 업은 남에게 미치는 직접적인 영
향이 없다. 표시된 업은 그 과보가 사회적으로까지
미쳐 연쇄적인 후유증이 남게 되므로 그 표시를 함부
로 해서는 안 된다. 혹자는 사람이 자기의 주장을 분
명히 하여 남에게 밝히는 것이 옳다고 생각하지만 그
것만이 능사일 수는 없다. 주장이 강하면 반대의 주
장을 동시에 불러오면서 서로 부딪쳐 마찰을 가져오

게 된다. 그렇게 되면 마치 외나무다리를 마주 건너
려는 것과 같이 비켜갈 길이 없어져 버린다.

노자는 『도덕경』에서 "아는 자는 말을 하지 않고, 말
하는 자는 알지 못한다"라는 말을 하였다. 또 사회에
는 언제나 침묵의 층이 있다. "깊은 강물이 고요히
흐른다"라는 말처럼 말 없는 침묵의 언어들이 표 나
지 않게 숨어 있다. 구호를 외치는 사람만이 능력 있
는 사람이 아니다. 때론 민중의 앞에서 큰 소리로 선
동적인 구호를 외치는 사람들이 박수를 받기도 하지
만 언젠가는 변증법적인 논리에 걸려 무상 속으로 사
라진다. 인류사회에는 따뜻한 가슴을 가지고 조용하
게 살아가는 사람들이 많아야 한다. 영웅주의에 사로
잡혀 스타가 되려고 할 필요가 없다. 이런 것이야말
로 모양내기를 좋아하는 상相에 집착하는 일에 불과
하다. 이들은 흔히 말을 많이 하고 자기 주장을 관철
하기 위해 남을 곧잘 피로하게 만든다.
어느 산중 깊은 곳에 조그마한 암자가 하나 있었다.

이곳은 참선 수행을 하는 스님이 혼자 사는 곳이었는데 한 사람이 한 철씩 교대해 살았다. 어느 해 여름 안거를 하던 중 지붕이 낡아 비가 샜다. 다음 사람을 위하여 부득이 아는 신도의 도움을 받아 기와를 갈고 지붕 수리를 하게 되었다. 그러다가 대들보 위에서 상량문을 대신하여 적어 넣은 글귀를 발견하였다. 그 글에는 이렇게 적혀 있었다.

口無舌者當住
夜有夢者不入

입에 혀 없는 사람만 와 살아라.
밤에 꿈이 꾸이는 사람은 들어오면 안 된다.

이는 그 암자에서 혼자 공부를 하려는 사람의 자격에 대한 글귀라고 할 수 있다. 그 자격은 세상을 향하여 할 말이 남아 있지 않아야 한다는 것이다. 또한 아직 번뇌가 치성하여 잠잘 때 꿈이 꾸이는 사람은 자

격 상실이라 그 암자에 혼자 와 공부할 수 없다는 것
이다. 할 말이 많아도 말없이 참고 가슴을 따뜻하게
해 사는 것이 삶의 본질에서 볼 때 더 중요한 일이다.

····

모르는 것이 약이 될 때

일찍이 영국의 베이컨이 "아는 것이 힘이다"라고 말한 이래 인간은 유식해야만 제 구실을 할 수 있는 존재로 인식되기 시작했다. 사람의 한 생애가 거의 교육에 바쳐진다는 것도 배워서 얻으려는 지적 욕구가 얼마나 강한가를 반증하는 것이라고 볼 수 있다.

바야흐로 정보시대에 접어든 현대에 와서 세상의 정보에 둔감해서는 지식 생산에서 밀려나 아예 비즈니

스 전략 따위를 마련할 수 없는 지경이 되었다. 신세대를 기준하여 나온 말이겠지만 컴퓨터를 사용할 줄 모르면 컴맹이라 하여 글을 모르는 문맹과 같이 취급하는 시대가 되었다. 클릭 한 번 하면 인터넷을 통해 온갖 정보지식이 흘러나온다. 가히 지식의 홍수시대라 할 정도로 각종 뉴스 등 우리의 머리에 입력되고 있는 지적 내용이 너무나 많다. 강물이 범람하듯 정보지식이 인간의 사고의식에 파도처럼 밀려오고 있는 것이다.

이러한 정보 홍수 속에서 인간은 아이러니하게도 지적인 피로에 시달리며, 알고 있는 지식 때문에 마음이 편치 못한 경우도 허다히 나타난다. 예로부터도 식자우환識字憂患이라 하여 아는 것이 근심·걱정을 만든다고 하였다. 생각해 보면 사회적인 소통에 있어서 내게 전달되지 않았더라면 좋을 정보지식도 있다. 전혀 유익하지 않는 잡지식이 오히려 건전한 사고를 방해하거나 기분을 나쁘게 하는 수도 있기 때문이다.

불교의 선 수행에서는 악지악각惡知惡覺을 경계한다. 알기 때문에 나쁜 행동을 하거나 나쁜 습관을 익히는 것은 모두 악지에 속하고 감각적 유혹에 빠져 정신이 흐려지는 것은 악각이다. 이 악지악각 때문에 선정禪定을 이루지 못하는 폐단은 실제 공부에서 의외로 많이 나타난다. 알음알이 때문에 무심해질 수 없는 경우는 일상생활 속에서도 자주 있는 일로 사람의 감정을 자극하는 이 악지식 때문에 엄청난 실수를 하는 예도 의외로 많다. 지식으로 행세하려고 하는 사람들은 지적 자만에 빠져 아는 척하는 상을 내미는 것이 예사다. 실제로 그가 알고 있는 것은 사실 그 자체가 아니고 지적으로 호도된 자기 알음알이를 남에게 과시하는 것에 불과할 뿐이다. 은연중 사실을 왜곡하고 거짓을 첨가하여 자기 마음대로 그것이 이치에 맞는 것인 양 억지로 합리화시켜 버리는 것이다. 이리하여 모르면서도 아는 척하는 거짓 흉내를 내게 된다.

공자는 『논어』에서 "모르는 것을 모른다 하면 아는 것이다"라는 말을 하였다. 모든 사이비 지식은 오해를 불러일으키는 원인이 된다. 잘못 아는 것은 모르는 것만 못하다. 길을 가는 사람이 길을 잘못 들어서 엉뚱한 곳으로 간다면 애초에 아니 감만 못한 것이 아닌가? 자기가 갈 목적지에 그만큼 늦게 닿게 될 것이다. 오해는 언제나 오해를 낳는다. 또 사람이 지적인 고민이 많으면 자기 행복을 상실하게 된다. 아무리 부귀와 명예를 남달리 누린다 하여도 마음이 편치 못하면 행복은 실종되고 만다.

중국 송나라 때 간화선을 주창한 대혜 선사의 어록에 이런 말이 나온다.
"아무리 부귀영화를 누리는 고관대작일지라도 잠 깨고부터 머리에 지옥을 만들어 사는 사람은 깊은 산중 화전민촌의 가난한 사람보다 행복하지 못하다."
이는 소박한 삶에 행복이 더 가까이 다가온다는 뜻이다. 온갖 정보를 이용하여 지식을 투입하고 전략적으로 머리를 써 살아가려는 현대의 생리에 문제가 있다.

공존의 윤리로 살아야 하는 중생계에서 오로지 남을 이겨 보자는 전술만 횡행한다면 그 사회가 극락이 될 것인가, 지옥이 될 것인가는 묻지 않아도 자명한 답을 내릴 수 있다. 지식은 인간의 사고 수준을 향상시키는 가치를 가지고 있다. 그러나 지식이 삶의 질을 높여 주는 것이 아니라 끌어내리게 된다면 그것은 병든 지식이다. 독이 든 음식을 먹지 말아야 하는 것처럼 병든 지식을 함부로 받아들이지 말아야 한다.

소크라테스는 '지식은 정신의 음식'이라고 했다. 그러나 그는 또 이런 말도 남겼다.

"내가 아는 모든 것은 아무것도 모른다는 것이다."

이는 달마 대사의 선화禪話에 나오는 '오직 모를 뿐'이라는 말과 똑같은 말이다. 대단히 역설적인 말이지만 안다는 사실보다 모른다는 사실이 더 중요할 때가 있다.

모르면 마음에 동요가 없는데 앎으로서 동요가 일어나며 갈등이 시작된다. 해골 썩은 물을 마신 원효 대사가 그것을 모르고 마셨을 땐 갈증이 풀어지고 마음이 편안했는데, 나중에 그 사실을 안 순간 비위가 상

하고 구토증을 느끼다가 모든 것이 마음이 만드는 것
이라는 유심唯心의 이치를 깨닫게 되었듯이, 지식이
나를 괴롭힌다면 그 지식에서 해방되어야 한다. 지식
의 오만이 가중되고 있는 세상이지만 그러나 지식의
오만보다는 몰라서 부끄러워하고 수줍어하는 사람의
얼굴 표정이 더 인간적이다. 어쩌면 우리는 아는 것
이 병이 되고 모르는 것이 약이 되는 시대에 살고 있
는 사람들일지 모른다.

····

마음을 하나로

현대사회는 '전문화 시대'라는 말로 자주 표현된다. 이 말은 어떤 분야에서 세분화된 한 부분을 맡아 연구하거나 잘 알고 있다는 뜻에서 쓰이는 말이다. 전체의 큰 것을 나누어 분업화시키고 또 세분화시켜 모든 것을 나누어 쪼개 생각한다는 의미이기도 하다.

이 전문화 시대의 약점은 부분적인 것에는 능하고 강하지만 전체적인 것에는 무능하고 약해진다는 점이다. 말하자면 나무 하나에 치중하다가 숲 전체를 못 보게 된다는 이야기이다. 더 문제가 되는 것은 사상事相에 대한 분업이 발전됨에 따라 사람의 마음에서 일어나는 이성적이거나 감성적인 생각이 분화된다는 점이다.

다시 말하면 인식하는 비중이 분식分識이 되면서 약해져 의식이 나뉘고 세분되면서 움직이게 된다.

이렇게 되면 사람의 마음이 온전한 한 마음으로 제자리에 돌아오기가 힘들어진다. 신경이 과민해지거나 지말적枝末的인 문제에 사로잡혀 근심·걱정을 필요 이상으로 많이 해 지나치게 자기 고민에 빠지는 수가 생기게 된다. 여기서 심리적 불안이 생기고 더 나아가 성격의 장애가 오게 되는 것이다. 마음 자체가 세분화되면 의식구조가 복잡해져 이중 혹은 삼중의 다중구조가 되어 마음이 통일되기가 어렵게 된다. 이는 번뇌가 더 복잡하고 치성해진다는 말이기도 하다.

한 마음에서 보면 사람의 일이란 결코 복잡한 것이

아닌 매우 단순한 것이다. 따로 분리되어 이것과 저것이 서로 상충되는 것이 아니고 서로 도와 주는 보완적 관계라는 것이다. 교리적으로 말할 때 이것을 연기법緣起法이라 하고, 일심의 공덕을 말할 때 이것을 원만구족圓滿具足이라고 한다. 그러므로 사람의 생활은 연기적 생활이고, 삶 자체는 본래 원만구족의 삶이라는 것이다.

"한 마음의 근원으로 돌아가라"라는 말이 있다. 한문으로 "귀일심원歸一心源"이라 하는 이 말은 원효 스님이 자주 사용했던 말이다. 한 마음의 근원으로 돌아간다는 말이 무슨 뜻일까? 쉽게 설명하자면 일어나는 생각으로 인해 마음 자체가 흔들리지 않는 상태가 되라는 말이다. 어떤 번뇌가 일어났다면 그 번뇌가 일어나기 이전으로 마음을 돌려 버리라는 이야기다.

사람은 외부로부터의 자극과 충격을 받고 산다. 물론 객관경계에서 오는 많은 일들이 마음을 자극한다. 그러나 마음은 외부에서 오는 자극을 다 흡수해 버리고 반사적인 반응 없이 무반응 상태가 될 수도 있다.

마음이 큰 사람은 이런 충격 흡수를 잘하게 된다. 외부의 충격 흡수를 잘하면 스스로의 마음을 잘 절제할수 있다. 이것이 마음을 크게 쓰는 것이다. 민감한 반응을 보이며 쉬이 충격을 받는 것이 작은 마음이다. 그래서 충격적인 어려운 일을 당한 사람을 보고 '큰마음 먹으라'라고 위로를 보내기도 한다.

심리학에서는 "자아분열"이라는 말을 쓴다. 의식이혼란하여 인식하는 중심의 초점이 흐려진 상태를 말하는 것이라고 한다. 불교에는 "산란의식散亂意識"이란 말이 있다. 의식이 어지러워 마음이 고정되지 않는것을 말한다. 마음이 고정되지 않으면 쓸데없는 관념에 휩싸여 스스로 허전해지고 불안해진다. 결국 마음이 괴로워지면서 세상이 나를 괴롭히는 것으로 보이게 된다. 그리하여 별것 아닌 일에도 화를 잘 내고 매사에 불만을 토로하게 된다. 나도 모르게 내가 불만덩어리가 되어 버리는 것이다. 모두 마음이 고정되어하나가 되지 못하기 때문이다.

어느 선방에서 정진하던 스님이 해제가 되어 지방의
조그마한 절의 주지를 하고 있는 도반 스님을 오랜만
에 찾아갔다. 절에 찾아갔을 때 마침 그 도반 스님이
출타를 하고 절 안에 아무도 없었다. 잠시 머뭇거리
던 스님은 그냥 절을 나오려다 마침 법당 안에서 어
떤 신도님 한 분이 관세음보살을 부르면서 기도를 하
고 있는 소리를 들었다. 스님은 이 신도님이 혹 절
의 사정을 알고 있는 분인가 싶어 법당 문을 열고 나
직이 "보살님!" 하고 몇 번을 불렀다. 기도를 하던 신
도님은 듣지를 못했는지 아무 대답이 없었다. 스님
이 다시 소리를 높여 "보살님!" 하고 크게 불렀더니
그 신도님이 홱 돌아서면서 사정없이 쏘아 붙였다.
"어디서 온 스님인데 기도하는 사람을 자꾸 불러댑니
까?" 하고, 화를 내며 나무라듯이 말하는 것이었다.
무안해진 스님은 "보살님! 나는 몇 번밖에 부르지 않
았는데도 그렇게 화를 내시는데 관세음보살을 계속
부른 보살님에게 관세음보살이 얼마나 화를 많이 내
겠습니까?"라고 말했다. 하나가 된 마음, 곧 진심眞心

에는 화낼 일이 없는 것이다. 진심은 주관과 객관의
대립이 없는 마음이다.

····

화를 예방하는 안전핀은 없는가

신문을 보다가 안타까운 기사 하나를 읽었다.

노부부가 말다툼을 하다 76세의 할머니가 83세의 할아버지를 각목으로 때려 죽인 사건이었다. 병원에서 치료를 받아야 하는 할아버지가 치료를 거부하고 병원을 나와 버리자 할머니는 '고집부리지 말고 제발 치료 좀 받으라'라고 설득했다. 그런 할머니의 말이 듣기 싫다고 역정을 내다가 할머니의 계속되는 종용에

화가 난 할아버지가 먼저 주먹으로 할머니를 때렸다. 이때 할머니는 자신이 살아온 생애를 돌아보며 이 나이 들도록 맞고 살아온 과거의 행적들이 떠올라 갑자기 치가 떨렸다. 방을 뛰쳐나간 할머니는 헛간에서 길다란 나무 막대기 하나를 들고 들어와 사정없이 할아버지를 마구 두들겨 팼고 할아버지는 그만 절명하고 말았다. 경찰서에 잡혀간 할머니는 하염없는 눈물을 흘리며 울고 또 울었다. 졸지에 영감을 죽인 살부殺夫의 아낙이 되었으니 자신도 죽고 싶은 심정뿐이었다. 20살에 시집온 이 할머니는 결혼 초기부터 맞고 살았다. 남편이 술만 먹으면 폭력을 행사해 어떤 때는 이웃집으로 도망가 숨어 있기도 하였다. 딸을 일곱이나 낳은 할머니는 아들을 못 낳고 딸만 낳는다며 구박받으며 맞고 살았다. 그러다 늦둥이 아들 하나를 낳았으나 그렇다고 남편의 폭력이 없어지지는 않았다. 걸핏하면 부인을 북처럼 생각하는 남편을 그래도 섬기고 살아왔다. 그런데 일흔 여섯의 나이에 또 맞았다. 이렇게 평생을 남편의 폭력에 시달려 온 할머니가 드디어 자신도 모르게 맞고 살아온 데 대해 뭉쳐 있던 한이 폭탄처럼 터져 버린 것이다. 할머니의 독백은 '이 나이에도 내가 맞고 살아야 하나?'였다.

사람은 누구나 가슴에 폭탄을 하나씩 안고 산다. 맺혀 있는 한, 증오, 부아가 폭탄이 되어 언제 터질지 모르는 불안한 존재가 되어 살고 있다. 비록 성품이 온순하고 착한 사람이라 하여도 폭탄은 있다. 중생의 마음속에 선과 악의 업인이 동시에 갖추어져 있기 때문이다. 이 폭탄이 터지지 못하도록 하는 안전핀은 없을까? '참으면 되지' 하는 책임성 없는 상투적인 말 외에는 없는 것일까?

배고프면 밥을 먹듯이, 목마르면 물을 마시듯이 이젠 사람이 생리적으로 해야 할 게 하나 있다. '남을 화나게 하지 말 것'. 이것이 우리 사회 제일의 계율 조목이 되어야 할 때가 되었다. 아무리 가까운 사람이라도 자존심을 건드려 기분 나쁘게 해 화를 내게 해서는 안 된다. 이것이 가정생활이나 직장생활, 나아가 사회생활을 하는 데 있어서 생활헌법(?) 제1조다. 바야흐로 폭탄의 시대에 들어섰으니, 사람을 폭탄처럼 조심해서 상대해야 한다.

얼마 전 뉴스에서는 아버지의 권위로 아들을 꾸짖던 어느 가정에 방화사건이 일어나 할아버지와 할머니까지 다 죽은 일이 보도되었다. 이제는 부모가 자식을 대할 때도 어떤 면에서는 폭탄을 다루듯 해야 한다. 잘못 건드리면 터진다는 것을 알아야 한다. 고함을 지르거나 야단을 치던 시대는 끝났다. 차근차근 설득하고 타이르는 시대가 되었다. 아니, 그보다도 귓속말로 속삭이듯 대화를 나누어야 하는 시대가 되었다.

어느 시대이건 인생살이는 '역경계'와 '순경계'가 있다. 다시 말해 내 기분에 맞고 안 맞는, 좋고 싫은 게 있다. 내가 좋아한다고 남이 따라 좋아하는 것이 아니고 내가 싫어한다고 남도 그런 것은 아니다. 남을 대할 때는 남이 내가 아니라는 사실을 알아야 한다. 남의 마음에 있는 기분은 내 기분과는 전혀 다르다는 것, 이것을 미리 알고 남을 대해야 한다. 내 기분대로 일방적으로 하는 시대는 이제 끝났다. 생존의 무게만 더해 가는 메마른 시대를 살다 보면 나도 모르게 스스로가 폭탄을 품고 있는, 터지지 않은 화약이 되는 것이다. 이것이 현대 삶의 비극이다.

그대의 가슴에서 폭탄을 제거하기 위해서는 자신의 내부에서 인생관의 변화를 시도해야 한다. 내가 바라는 내 행복이 불행일 수 있고, 내가 당한 불행이 행복일 수 있다는, 행복과 불행을 등치시키는 일이다. 어디 인생이 웃으면서만 살아질 수 있던가? 웃는 때가 있으면 우는 때도 있다. 웃다가 울고, 울다가 웃는 것이 인생이다.

기쁜 것도 내 마음이요, 슬픈 것도 내 마음이다. 슬픔을 느끼는 마음이나, 기쁨을 느끼는 마음이나 그 마음이 똑같다는 사실을 알라. 본래의 마음으로 돌아올 줄 알면 되는 것이다. 본래의 마음은 어떤 마음인가? 기쁘지도 않고, 슬프지도 않는 마음이다. 행복하지도 않고, 불행하지도 않는 마음이다. 이 마음을 선 수행에서는 '무심無心'이라 한다. 범부의 감정을 두고 말할 때 이 마음은 '잠자는 마음'이다. 화가 날 땐 차라리 마음을 잠재우라. 이것이 폭탄을 제거하는 안전핀이다.

····

참된 생명

영국의 데이비드라는 시인은 "인생은 세월의 강물
속에 꿈을 낚는 낚시꾼이다"라는 말을 남겼다. 잠을
자다 꾸는 꿈이 아니라 미래의 희망을 꿈꾸며 사는
사람의 마음을 두고 한 말이다.

사람은 살면서 무엇을 찾아 얻으려는 끈질긴 노력을
쉬지 않는다. 설사 육체적 능력이 부족해 물리적 힘
을 쓸 수 없을 때에도 마음속에는 누군가의 도움으

로라도 자기가 바라는 바가 이루어지기를 바라는 것
이다. 다시 말해 누구라도 사람의 마음에는 항상 소
원이 담겨져 있다는 말이다. 비록 당장에 실현 불가
능한 일일지라도 언젠가는 그 소원이 이루어지기를
두고두고 바라는 것이 사람의 마음이다. 가난한 사람
이 부자가 되기를 바라듯이 나를 기쁘게 해 주고 만
족시켜 줄 좋은 일들이 내게 나타나기를 바란다. 이
러한 것을 "욕망"이라고 말하기도 한다.

세상에는 기본적으로 다섯 가지 욕망이 있다. 첫째,
음식에 대한 욕망이다. 사람은 먹어야 산다. 배가 고
프면 결국 생존의 위협마저 느끼게 된다. 먹어야 하
는 것은 본능 중의 본능인 것으로 모든 생명체의 일
차적인 욕구이다.
두 번째는 이성 간에 정을 나누고자 하는 성적인 욕
망이 있다. 이는 생식을 전제로 한 본능이지만 때로
는 생식과 관계없는 맹목적 욕망으로, 본능적 쾌락을
느끼고자 하는 원초적인 욕망이기도 한 것이다.

셋째는 수면에 대한 욕망이다. 몸이 피로할 때 잠을 자야 하는 생리적 욕구를 몸이 있는 모든 존재들은 가지고 있다. 수면을 취하는 시간의 차이가 있긴 하지만 육체는 잠을 통해 신진대사의 신체적 컨디션을 조절한다.

넷째는 재물에 대한 욕구이다. 물질을 소유하고 싶어 하는 것은 생활의 발달과 비례해 나타난다. 몸을 보호하기 위해서 옷을 입고 삶의 터를 마련하기 위해서 주거지를 정해 집을 짓고 사는 것에서부터 문화가 발달될수록 재물에 대한 소유욕은 점점 커져 가는 것이다. 특히 자본주의가 발달한 오늘날의 세태에서 볼 때 소유의 문제가 존재의 문제를 앞지르고 있다고 말할 정도이다.

다섯째는 명예의 욕망이 있다. 내가 남보다 우월해지고 싶은 욕망은 남을 의식하는 상대적 비교에서 열등에 빠지고 싶지 않다는 것이다. 여기에는 천대받지 않고 존중받는 위치를 이루기 위해 남과의 경쟁을 포기하지 않겠다는 의지가 숨어 있다.

이러한 다섯 가지의 욕망을 이루기 위해 세속적 삶의 목표가 설정된다. 또한 이것이 이루어져 얻게 되는 쾌락을 모두들 누리고 싶어 한다. 그러나 이 세속의 오욕락五慾樂은 인생을 만족시켜 주는 영원한 가치가 되지 못한다. 왜냐하면 모두가 무상한 것이라 나중에 허무하게 사라져, 없어져 버리는 것들이기 때문이다. 어느 것도 영원을 기약하지 못하는 것이다. 순간의 쾌락은 그 이후의 쾌락을 상실시킨다.

톨스토이의 책에 이런 이야기가 있다.

오래된 사과나무에서 잘 익은 사과가 자란 지 얼마 안 되는 어린 사과나무 옆에 떨어졌다. 어린 사과나무가 잘 익은 사과에게 말을 건넸다.

"안녕하세요? 사과님. 당신도 하루 빨리 썩어서 나처럼 싹을 틔워 나무로 자랐으면 좋겠군요."

그러자 잘 익은 사과가 말했다.

"이 바보야. 썩는 게 좋으면 너나 썩어. 그래, 네 눈에는 내가 얼마나 빨갛고 곱고 단단하고 싱싱한지 보이지도 않는단 말이냐? 난 썩기 싫어. 즐겁게 살고 싶어.”

“하지만 당신의 그 젊고 싱싱한 몸은 잠시 빌려 입은 옷에 불과해요. 거기에는 생명이 없어요. 당신은 아직 모르고 있지만 생명은 오직 당신 안에 있는 씨 속에 있어요.”

“씨는 무슨 씨가 있다는 거야. 바보같이!”

잘 익은 사과는 그렇게 말하고 입을 다물어 버렸다.

자기의 내부에 영적인 생명이 깃들어 있음을 의식하지 못하고, 그저 동물적인 생활을 하고 있는 사람은 ‘잘 익은 사과’와 같다. 그러나 원하든 원하지 않든 그 사람도 사과와 마찬가지로 나이와 함께 시들어 자신의 생명이라고 생각했던 육체가 쇠약해지면, 씨앗과 같은 참된 생명의 존재가 더욱 중요하다는 것을 느낄 수 있을 것이다. 그러므로 아예 처음부터 언젠가는 사멸해 버리는 생명보다 쉬지 않고 성장하며 소멸하는 일이 없는 생명에 의지하여 사는 편이 더 낫지 않을까?

진실한 삶은 시간과 공간 밖에 있기 때문에 죽음은
이 세상에서의 생명의 현상을 바꿀 뿐, 결코 삶 자체
를 없앨 수는 없는 것이다.

••••

인생에도 여백이 있어야 한다

사람이 일생을 살면서 하고 싶은 일은 수없이 많을
것이다. 개인의 능력과 소질에 따라 하고 싶은 일을
하여 성취감을 맛보는 것이야말로 인생의 즐거움이
라 할 수 있다. 부지런히 노력해서 성공을 거두기 위
해 정열을 바치고 사는 것이 인생이다.

세속에서 하고 싶은 일이 없다는 사람은 정상적 사고
방식을 가지고 있는 사람이라 할 수 없을 것이다. 설

사 생산적인 노동의 일이 아니라도 취미를 즐기거나 유흥을 즐기고 싶은 욕구도 하고 싶은 일에 속하는 것이다. 또 내가 할 수 있는 일이 있다는 것은 매우 좋은 것으로 그 일로 인하여 행복을 느낄 수도 있다. 일이 없는 사람은 스스로의 마음이 쓸쓸해질 수밖에 없는 법이다. 할 일을 선택할 수 없는 경우에는 패배감을 맛보는 괴로움이 시작되기도 한다. 일이란 삶의 에너지를 축적하고 방출하는 것이므로 인생이란 일을 위해 있는 것이다. 인도의 옛말에 "인생에 있어서 가장 소중한 것은 지금 내가 하고 있는 일이다"라는 말이 있다. 그리고 일은 개인이 가진 소망과 함께 있게 된다. 가야 할 목적지가 있기 때문에 역에 가서 기차를 타거나 터미널에 가서 버스를 타는 것처럼 내 소망 때문에 내가 일을 한다고 할 수 있다. 일하지 않고 놀고먹는 것은 아무 데도 보탬이 되지 못하는 마이너스 인생이라고 할 수 있다. 톨스토이는 "일하지 않고도 살 수 있다고 일하지 않는 것은 죄악이다"라고 말했다. 즐겁게 일을 하면 그것이 낙원이 되고 싫은 일을 억지로 괴롭게 하면 곧 지옥이 되는 것이다.

그런데 이 일에도 공적인 일과 사적일 일이 있다. 공직에 종사하면서 하는 공적인 일은 사적인 개인의 입장에서 하는 일과 그 성격이 다르다. 사회생활에 있어 공사관계는 엄격히 구분되어야 한다. 사사로이는 수레가 통할 수 있지만 공적으로는 바늘귀만큼도 들어갈 틈이 없어야 한다고 하였다. 공사의 구분은 예로부터 사람의 인격을 측정하는 기준이 되기도 하였다. 공사를 가릴 줄 아는 것, 이것이 바로 일을 할 줄 아는 사람의 역량이 되는 것이다.

일은 욕심으로 하면 안 된다. 또한 그릇된 생각을 가지고 일을 해서도 안 된다. 언제나 바른 생각과 순수한 정신으로 일에 임해야 한다. 일에도 공경과 겸손이 있어야 한다. 객기 만용으로 하는 일은 성공하기 어렵다. 공리적 타산만 앞세워 하는 일은 설사 벌이에는 성공하였다 하더라도 일의 과정이 올바른 가치를 잃어버리기 때문에 실패한 일이 되는 수도 얼마든지 있다. 내가 하는 일이 결과적으로 남에게 이로움을 주는 것이어야 한다. 또 일은 해야 할 때도 있고, 그만해야 할 때도 있다. 경제가 어려워 일자리가 없다는 산업현장의 안타까운 이야기가 사회적 불안마저 조장하고 있는 요즘이지만 무리한 일을 벌여서 오히려 경제적 어려움을 가중시키는 경우도 있다고 한다.

얼마 전 종교인 가운데 가장 많은 존경을 받고 있는 사람 가운데 한 분인 어느 스님께서 불교계를 향하여 경제가 어려운 시기에 돈 드는 불사를 자제하자고 호소한 적이 있다. 가람 수호를 위하여 꼭 해야 할 불사가 없는 것은 아니지만 지나친 외형 위주의 허장성세를 과시하는 불사들이 자행되는 경우가 있기 때문일 것이다. 그중에는 일을 하고 싶은 욕심 때문에 이기적 오버페이스를 하다 어려움을 겪는 경우도 있다.

인생은 여백을 남기고 살아야 한다는 말이 있다. 여백이란 호흡을 가다듬고 새로운 숨을 쉴 수 있는 정신적 공간이다. 하고 싶은 것을 자제하여 내가 다하지 말고 남이 하도록 남겨 두라는 말이다. 사람의 욕망은 한이 없지만 하고 싶은 일을 다 하고 살 수는 없다. 그렇기 때문에 마치 그림을 그리는 화가가 도화지에 여백을 남겨 두듯이 하고 싶은 일에도 때로는 나 자신을 위하여 여백을 남기고 남을 위하여도 할 수 있는 일을 남겨 두라는 말이다. 이는 인간적 윤리의식에서 하는 말로, 몫을 남겨 두어 남에게 제공해 준다는 의미이다. 내가 앉아 있던 자리를 때가 되면 남에게 물려주어야 하는 것이 순리이듯이 사람은 자리를 떠날 준비와 함께 물려줄 준비를 하여야 한다. 사회적 공공관계에서도 이 일 저 일을 내가 다 하여 업적을 남기고 싶어 하는 턱없는 공명심은 결코 아름다운 것이 아니다. 오히려 이기적 아집의 오점을 남기는 일밖에 안 될 것이다. 내가 앉아 있는 의자는 언젠가 누구에게 비워 주어 앉게 해 주어야 하는 것이 인륜의 도리이다. 사람은 일을 하되 도리에 맞게 하여야 한다.

····

행복의 뿌리를 가꾸는 사람

중국의 고전『채근담』에 이런 이야기가 나온다.

"사람이 추구하는 행복에는 여러 가지 형태가 있다. 돈이 있는 것도 행복의 하나요, 지위가 있고 명예가 있는 것도 행복의 하나임은 틀림없다. 이러한 행복이 부당한 과정이 없이 성실한 노력과 남을 해롭게 하지 않고 얻은 것이라면 이는 정원에 심은 꽃과 같다. 즉 땅에 심어 잘 가꾸어 피운 꽃은 향기가 좋고 오래

간다. 그러나 만약 권력에 빌붙고 모략과 중상으로
남을 해치고 얻은 부귀나 명예라면 화병에 꽂아 놓은
꽃과 같아 오래가지 못하고 곧 시들어 버린다. 뿌리
가 없기 때문에 정원의 꽃과는 비교가 되지 않는다."
이 행복론을 읽어 보면 행복에도 뿌리가 있어야 됨
을 알 수 있다. 뿌리라는 것은 식물의 생명을 유지하
는 원천이다. 더구나 땅속 깊이 박힌 뿌리일수록 그
나무가 가뭄을 잘 이기고 태풍이 불어도 뽑혀 잘 넘
어지지 않는다. 따라서 행복의 뿌리도 꽃의 뿌리처럼
튼튼하게 땅속에 잘 박혀 있어야 한다는 것이다.
사람은 누구나 이 세상에서 성공하여 살고 싶어
한다. 세상일의 그 어떤 것을 목표로 하든 성공을 원
하며 그 성공을 통해 자기 인생이 행복해지기를 바라
는 것이다. 그러나 이 성공의 법칙에는 예외 없는 규
칙이 하나 있다. '씨 뿌린 자가 거둔다'라는 격언처럼
인과응보因果應報의 이치가 숨어 있는 것이다. 세상의
모든 일은 인연이 만들어져 일어나는데 이 인연을 제
공하는 원인은 바로 사람의 마음에서 비롯된다. 사람

의 마음은 모든 것의 원인을 제공하는 제1의 인자因子
이다. 이 세상의 모든 현상이 마음에서 시작된 것이
므로 좋은 일이 생기려면 사람의 마음속에서 어떤 생
각이 일어날 때 그 생각 속에 지혜의 빛이 들어 있어
야 하고 덕의 향기가 풍겨져야 한다. 이때의 심인心
因이 바로 행복의 씨앗이 된다. 꽃씨를 뿌려 잘 가꾸
면 마침내 꽃이 피듯이 좋은 심인을 만들어 잘 가꾸
면 반드시 행복의 꽃이 핀다. 이 심인이 바로 인생의
뿌리다. 뿌리는 언제나 땅속에 심어져 있는 것이어서
모양새가 잘 드러나지 않는다. 다시 말해 눈에 잘 띄
는 시각의 대상이 아니란 말이다. 그렇기 때문에 사
람들은 이 심인을 잘 속인다. 스스로에게도 속이고,
남에게도 잘 속인다. 자신의 마음을 깨닫지 못한 어
리석은 미혹 때문이다.

복잡다단한 세상의 경계가 사람의 심인이 착하게 심
어지는 선근의 뿌리를 자꾸만 약하게 만든다. 때문
에 의지가 약해지고 공들이는 일에 인색해져 버린다.
돈 안 주고 공짜로 얻은 물건은 내게 소중한 물건이

될 수 없다. 왜냐하면 공짜는 피땀 흘린 공이 없는 것이기 때문이다. 가장 몹쓸 인간이 자기 인생을 공짜로 살려는 사람이다. 어느 누구에게도 공을 들여 주지 않고 공짜의 이익을 바란다는 것은 자기 인생을 포기하는 것과 마찬가지다. 육신의 목숨은 붙어 있지만 이미 정신적인 자살을 해 버린 사람이라고 할 수 있다.

모름지기 인생은 행복의 뿌리를 잘 가꾸고 살아야 한다. 좋은 결과가 맺어진 행복을 초대하기 위하여 공들이는 방을 준비하여야 한다. 반가운 손님을 맞아들일 때처럼 정성스레 자리를 마련하고 기다려야 한다. 뿌리의 착근이 잘되면 찬란한 꽃이 피고 탐스런 열매가 열릴 것이다.

영국의 찰스 다윈이 대서양을 건너다가 심한 풍랑을 만난 적이 있었다. 파도에 배들이 몹시 흔들리고 있었는데 그때 바다 위에 풀잎 하나가 파도에 떠밀려가지 않고 제자리에 가만히 있는 것이었다. 그것을 본 다윈이 생각해 알아본 결과 그 풀이 바닷속에 뿌리를 깊게 내려 박고 있다는 사실을 알았다. 이에 다원이 깨달은 바가 있어 이런 독백을 했다고 한다.

"삶의 뿌리를 깊게 박으면 세파에 흔들리지 않을 수 있다."

내가 가지고 있는 좋은 인연 종자의 뿌리를 잘 발아 시켜 그것을 튼튼하게 키워 가는 것. 이것이 바로 내 생애의 의무이다.

...음에 생각이 일어나는
...탱는 없어지지만
...품 그 본제는
...어지지 않는다.

....

마
음
이

제
일

어
렵
다

....

....
사람에게 날아오는 두 개의 화살이 있는데,
바로 하나는 무상의 화살이요,
하나는 번뇌의 화살이라 하였다.

····

병을 선지식으로 삼으라

어쩌다 또 병원에 입원을 하게 되었다. 병원 신세란 처량하기 그지없는 일이다. 환자복으로 갈아입고 침대에 누워 있으니 일상의 활동을 정지당한 수형자의 기분이 된 것 같다. 몸 때문에 괴로움을 당하는 것을 오음성고五陰盛苦라 한다. 색신이 남아 있는 한 괴로움의 원인이 없어지지 않으니 인생이란 어쩌면 괴로움을 맞이할 준비를 하면서 사는 것인지도 모르겠다.

흔히 나이가 많아지면 몸이 고장 나는 수가 많으니 수리하면서 살아야 한다고 한다. 하지만 돌이켜 보면 나는 젊었을 적부터 다양한 병력을 가지고 있다.

스스로를 달래고자 유마거사의 말을 생각해 본다.

"중생이 병을 앓으므로 나도 앓는다."

남이 앓을 병을 내가 대신 앓아 준다는 뜻이다.

달마는 『사행론四行論』에서 '보원행報怨行'을 가르쳤다. 병을 앓거나 불행한 일을 당했을 때 전생에 지은 나쁜 죄업으로 인한 원망을 갚았다고 생각하라는 말이다. 우리는 곧잘 내가 무슨 죄가 있다고 이러한 업보를 받느냐고 반문할 때가 많지만 인연의 빚을 지고 사는 중생의 업에서 볼 때는 과거 수없는 전생부터 내가 내게 상속시킨 업보가 있는 것이다. 이렇게 생각하는 것이 스스로를 달래기 좋다.

수행자들에게 있어서는 병을 선지식으로 삼으라는 경책의 말도 있다. 병을 통해서 자신을 반성하고 살피면서 인생이 무엇인가 그 정체를 생각해 보라는 말이다. 어쩌면 삶과 죽음 속에서 병은 요술쟁이의 환술이나 곡예사의 재주와 같은 것인지도 모른다. 병이 들고 낫는 희비의 쌍곡선이 있다면 병에도 기쁨과 슬픔이 공존하고 있는 셈이다.

병실의 창가에서 밖을 내다보니 추적추적 비가 내린다. 갑자기 내가 처량해 보이고 주위의 풍경도 을씨년스럽게 느껴진다. 환자로서의 고독이 원초적인 감성을 지피면서 어떤 비애감을 불러오는 모양이다. 며칠 전에는 7명의 환자가 함께 모여 기공체조훈련을 하였다. 동병상련同病相憐을 느끼며 마음속으로 어서 쾌차하기를 빌었다. 그러면서 병은 사람을 약하게 만들고 부드럽게 만드는 좋은 점도 있는 것 같다는 생각이 들었다. 그래서 병을 앓을 때 영혼이 맑아진다고 하는 것일까?

누군가의 책에 병을 두고 이렇게 써 놓았던 것이 생각난다.

"병은 사람을 위하여 다행한 교도자이다. 병은 사람의 새로운 육성을 위하여, 그리고 휴양을 위하여 또 그 순화를 위하여 막대한 진력을 하는 자이기 때문이다."
김진섭의 수필집 『생활인의 철학』에 나왔던 구절인
것 같다. 또 H. 하이네는 인생을 병이라 하고 세계를
병원이라 하였다. 그리고 죽음이 의사라는 말을 하
였다. 어찌 보면 참으로 아이러니한 말이다. '인생이
병이고, 세계가 병원이며, 죽음이 의사다?' 이 무상한
육신의 병이 죽음에 의해서 없어진다는 말인가? 마치
죽음을 열반으로 보는 불교의 입장과 상통하는 말인
것 같기도 하다.
창밖에 내리는 비를 바라보며 이런저런 상념에 젖었
다. 열흘의 입원이 또 다른 좋은 경험이 되어 다시 한
번 여러 인연에 감사를 드리는 한편 미안해 하기도
하는 초라한 내 모습이 유리창에 투영되고 있었다.

····

침을 맞으며

새로운 마음으로 일을 해 보려고 마음먹었는데 그게
잘되지 않을 때가 있다. 산중생활에 있어서도 할 일
이 많은데 일이 잘되지 않고 부진할 때는 서글픈 생
각이 들기도 한다. 마무리했어야 할 일들이 처리되지
못한 채 밀려 있고 당장 시작해야 할 일들이 이런저
런 사정 때문에 자꾸 늦어지기도 한다.

개인의 생활에도 리듬이 있다. 사람에 따라 시간이

흘러가는 속도가 다르며 박자가 다르다. 그 박자에 맞춰 페이스 조절이 잘되어야 하는데 이것이 잘되지 않는다. 몸이 말을 안 들어서 잘 안 되는 일도 있다. 서서히 체력의 감소현상이 나타나는 것 같고 감각이 둔해지는 것 같다. 글을 쓰면 오타가 많이 생기고 깜박하고 무엇을 잊어버릴 때도 많다. 노화현상이라 하겠지만 늙는 것이 참 슬픈 일인 것 같다. 능력이 떨어지는 것이 슬픈 일이기 때문이다.

요즈음은 계단을 오를 때 오른쪽 무릎에 통증이 느껴져 치료를 받는다. 한의원에 가서 침을 맞고 있다. 작년에는 병원을 부쩍 자주 다녔다. 사람 사는 일이 참 묘하다. 하고 싶은 일을 하지 못하는 수가 있는가 하면, 하기 싫은 일을 울며 겨자 먹기로 해야 할 때가 있다. 병원에 가는 일이 즐거운 일이 아니지 않은가? 나이가 많아지니 몸에 온갖 병이 생기고 속절없이 몸을 수리하면서 살아야 하는 처량한 신세가 되고 말았다. 한의원에 가 침대에 누워 침을 맞으면서 많은 것을 생각한다. 따끔한 충격이 느껴질 때 몸뚱이를 잘못 관리해 온 대가를 받는 것이라는 생각이 든다. 그래서 지난날에 대한 후회가 일어나기도 하지만 한편으로는 억울하다는 생각도 들었다. 힘들게 살아온 지난 세월에 대한 보상이 침으로 돌아온 것 같아 쓸쓸해지기도 했다. 몸에 침을 맞으면서도 내 삶에 침을 맞는 것 같다는 생각이 들어 황당해지는 마음이 되기도 했다. 어차피 사람은 자신의 인생에 침을 맞고 사는 존재라는 생각도 들었다. 몸에 오는 침의 자극처럼 자신의 인생에 여러 가지 충격이 온다는 뜻에서 하는 말이다. 얽히고설킨 온갖 인연 속에서 난데없이 날아온 화살처럼 내 몸에 꽂혀 나를 아프게 하는 독침이 있는가 하면 스스로를 경책하여 반성하게 하는 선의의 침도 있을 것이다.

몸에 침을 놓아 자극을 주어서 몸이 좋아지도록 하는 것처럼 사람의 정신에도 침이 필요하다는 생각이 들면서, 그것이 곧 인생의 침일 것이라는 생각도 해 보앉다. '인생의 침'이라. 그렇다. 인생에는 침이 있다.
그리고 그 침이 필요하다.

인생의 침이란 사람을 따끔하게 경책하는 일이다. 때
로는 내가 나에게 하는 엄한 문초가 있어야 한다. 정
신이 나태해지지 않고 해이하게 되지 않도록 자신을
단속하는 침을 쓸 줄 알아야 한다. 물론 부드럽게 자
신을 타이르고 설득할 때도 있어야 하지만 약한 처방
이 듣지 않을 때는 강한 처방을 내려야 한다. 침을 맞
고 병이 낫듯이 잘못된 습관이나 버릇도 따끔 하는
충격을 가하여 고쳐야 할 때도 있는 것이다. 침을 맞
지 않고 인생을 살 수는 없을 것이다. 어쩌면 생리적
으로 필요한 것인지 모른다. 주사를 맞는 것도 침을
맞는 것과 같은 것이다.

초기경전인 『수타니파타』에는 화살 이야기가 있다.
사람에게 날아오는 두 개의 화살이 있는데, 바로 하
나는 무상의 화살이요, 하나는 번뇌의 화살이라 하

였다. 무상의 화살이란 쉽게 말하자면 어느 날 내 나이가 많아져 침을 맞는 처지가 된 것이 그것이다. 번뇌의 화살이란 이 생각 저 생각에 쫓기면서 때로는 가슴을 치는 아픔을 겪는 것을 말한다. 이러한 수없는 화살이 오고 가는 가운데 중생의 생사가 있다. 무상의 화살과 번뇌의 화살을 맞고 사는 것이 인생이라면 어떻게 하면 화살을 피할 수 있는 것인가? 침을 맞으면서 생각해 본 어느 날의 화두話頭였다.

····

사바세계를 이기려면

부처님이 성도를 한 직후 자신의 소감을 "나는 모든 것에서 이긴 자"라고 선언한 말이 『아함경』 경문에 나온다. 일체승자一切勝者라고 한역된 이 말에서 어째서 부처님이 자신을 모든 것에서 이긴 승리자라고 했을까. 생각해 보면 어떤 세속적 경계에 끌려가지 않고 오로지 수도에만 전념하여 도를 장애하는 모든 경계를 물리쳤다는 뜻으로 볼 수 있는 말이다. 달리 말하

면 고독한 자신과의 싸움에서 지지 않고 이겨 무상정
각자가 된 기쁨을 토로한 말인 것이다.

오욕락五慾樂이나 오복五福이 세속적 가치척도이기는 하
지만 그러한 것이 삶의 본질적 의미를 충족시켜 주는
것은 아니다. 그러니까 부처님의 승리선언은 돈에도
지지 않았고, 명예에도 지지 않았으며, 객관의 어떤
경계에도 마음을 빼앗기지 않아 자기 존재의 주체를
순수하게 지켜 어디에도 흔들림이 없었다고 보면 된
다. 이는 출세간적인 가치를 매우 고답적으로 이야기
한 것이라 할 수도 있지만 부처님 정신을 배워야 하
는 불교적인 입장에서 볼 때 이것이 바로 삶의 참 가
치를 일깨워 주는 소중한 메시지이다. 부패와 비리가
만연하는 사회 병폐를 놓고 볼 때 불의에 야합하거나
돈에 유혹되는 것은 이 세상 곧 사바세계에 지고 마
는 힘 약한 자들의 안타까운 처신의 모습일 뿐이다.

그런데 근래 우리나라에서 나라 위신을 떨어뜨리는
또 하나의 통계가 나왔다. 우리나라가 OECD 가입국

중에서 자살하는 사람이 가장 많은 자살공화국이라는 것이다. 한 나라 국민이 어떤 이유에서든지 스스로 죽음을 선택하는 사례가 많다는 것은 국가적 비극이 아닐 수 없다. 근년에 이어 내로라하는 저명인사들이 연이어 한강에 투신했다는 보도가 나오더니 급기야 세계 1등 자살국이 되었다는 보도는 충격적이었다. 우리 한국인들의 기질에도 그 원인이 있는 것일까? 어떤 일에 있어서 감정이 앞서고, 성질이 급하며, 무궁화의 끈기라 하던 끈기마저 없어진 현 시대의 통증 같은 것이 하나의 과보로 나타난 것인지도 모르겠다. 아직 IMF 후유증에 시달리면서 사회 전반적인 경기 침체로 생활고가 가중되고 있는 계층이 있긴 하지만 그래도 옛날 가난했던 시절과는 비교할 수 없을 정도로 산업이 발달했다. 자동차로 말하면 세계 5위의 자동차 생산국이라는 공업국이 된 우리나라가 달갑지 않은 닉네임을 하나 더 붙이게 되었으니 어떤 면에서 국민의 자존심이 상할 일이기도 하다.

특히 다종교 상황인 우리나라의 입장에서는 종교가

국민들의 상처를 치료해 삶의 위안을 주고 희망을 가지게 하는 데 얼마나 기여하고 있는지에 반성과 비판이 나와야 할 것 같다. 자살 방지가 종교가 책임져야 할 일은 아닐지라도 신앙은 번뇌에 시달리고, 괴로움에 시달리는 사람들에게 용기와 희망을 주는 좋은 영향력을 가질 수 있기 때문이다. 불교로 말하면 괴로워 죽으려 하는 사람도 부처님의 가르침을 통해 인생의 의미를 새롭게 느껴 스스로 원력보살의 삶을 다시 시작할 수 있다는 것이다. 병든 환자는 자기 건강을 찾기 위하여 때로는 오랜 세월 동안 투병생활을 하는 수도 있는데 몸이 성한 사람이 한 생각 미혹을 벗어나지 못해 스스로 목숨을 끊는다는 것은 실로 엄청난 죄악이다. 뿐만 아니라 자살이 많다는 것은 폭력의 수단을 잘 쓴다는 뜻이다. 왜냐하면 자살도 하나의 폭력행위이기 때문이다.

사람이 하루를 사는 것은 매우 소중하다. 다시 말해 오늘 하루는 내게 매우 소중한 하루다. 병마에 시달

리다가 어제 죽은 불쌍한 사람에게 있어 오늘 하루
는 더 살고 싶어 하던 간절한 시간이 되는 것이다. 이
런 소중한 하루를 함부로 무시해서는 안 된다. 또한
죽겠다는 핑계는 대부분 객관경계에 빼앗긴 자기 마
음을 되찾아 오지 못한 자기 열등이자 패배밖에 되지
않는다. 결코 욕망의 성취가 세상을 이기는 것은 아
니다. 사바세계를 이기고 사는 비결은 스스로의 욕망
에서 해방되어 자신을 비우고 사는 것이다. 여기에서
도심이 싹트고 발심이 시작되는 것이다.

····

인연을 발전시키며 살아야 한다

불교의 용어 중에 가장 널리 쓰이는 말이 "인연"이다.
만나고 헤어지는 이 세상 모든 일을 인연소치라고 곧
잘 말한다. 인연에 따라 이렇게도 변하고 저렇게도
변화하는 것이 세상일이다. 이러한 것을 유위법有爲法
이라고 한다. 이에 반해 변할 수 없는 것을 무위법無爲
法이라 한다. 불교의 핵심이 이 무위법에 있다는 것을
알아야 한다.

『천수경』을 독송하다 보면 관세음보살을 찬탄하는 구절에 "무위심내기비심無爲心內起悲心"이라는 말이 있다. '무위심 안에서 자비심을 일으킨다'라는 이 말이 바로 불교의 윤리정신이자 사람이 써야 할 본래의 마음이다. 불자들은 불교를 통해 불생불멸하는 무위법을 공부해 수행과 신행을 높여 가야 한다. 불교가 목적하는 깨달음은 해탈과 열반으로도 표현되는데 이도 무위법이다. 불교는 무위법을 통달하는 것을 목적으로 한다.

사람은 수시로 변하는 상황에서 살아간다. 늙는 것도 변화하는 모습이다. "찰나생찰나멸刹那生刹那滅"이라 하여 순간순간 찰나에 생기고 없어지는 변화를 "찰나무상刹那無常"이라 한다. 변화하는 생활과 인생이지만 그 안에는 변하지 않는 것이 있다.

『능엄경』 2권에 부처님이 코살라국 임금인 바사닉왕과 만나 대화하는 구절이 있다. 부처님은 왕에게 항하(갠지스강)를 언제 봤는지 물었다. 왕이 3살 때 처음 봤다고 하자, 부처님은 3살 때 본 강물과 13살 때

봤던 강물이 다른지를 물었다. 그러자 왕은 예순두 살이 된 지금도 전혀 다르지 않다고 답했다.

상식적으로 나이가 들면 시력이 약해진다. 하지만 이 경전에서 강물을 보는 것은 시력과는 관계가 없다. 왕은 그때나 지금이나 보는 것은 똑같다고 생각한다. 바로 그것이다. 변하지 않는 성품은 누구나 갖고 있다. 변하지 않는 것을 불교에서는 "불성"이라 하는데, 『능엄경』에서는 "여래장묘진여성如來藏妙眞如性"이라고 했다. 여래가 갖춰진 미묘한 성품, 이것이 인생의 본체다.

변하는 곳에서 살아가는 중생들이지만 변하지 않는 성품을 가지고 있다는 것은 매우 중요한 말이다. 부처님 법을 중국의 고승대덕 스님들은 불변수연不變隨緣이라고 했다. 변하지 않는 근본이 있고 때에 따라 장소에 따라 변하는 것이 있다. 변하지 않는 것과 변하는 것을 바로 알아야 한다. 이것을 알아가는 것이 불교공부다.

강물은 변하지 않는 것처럼 보이지만 겨울에는 추위에 얼어 버린다. 여름에는 무더위 때문에 수증기로 증발해 하늘로 올라가 구름이나 안개가 된다. 액체인 물이 고체인 얼음이 되고, 수증기인 기체가 되는 것은 기온의 조건에 따른 변화다. 하지만 물이나 얼음, 수증기를 수분 성질로만 보면 변하는 것은 없다. 인연에 따라 변하지만 변하지 않는 것, 그것이 불변수연이다.

사람이 맺고 있는 인연은 새로운 변화를 통하여 발전되어 가는 인연발전이 있다. 발전이란 더욱 좋아지고 향상되는 것을 말한다. 사람은 누구나 자기가 맺고 있는 인연을 좋은 방향으로 변화시켜 나가야 한다. 누구나 잠자고 일어나 세수를 한다. 세수를 하고 화장품을 바르는 일도 변화를 시도하는 일이다. 불자로서 올바른 생활을 하려면, 맺은 인연에서 변화를 시도해 좋은 인연으로 발전시켜야 한다. 인류가 할 일은 인연을 발전시켜 생명을 발전시키는 일이다. 누구든지 일상생활 속에서 새로운 인연을 발전시키려고 노력하는 의지가 있어야 한다. '인연발전'을 위해 생각을 새롭게 해야 한다.

사람은 생각하는 존재다. 서양 철학자 파스칼은 "인간은 생각하는 갈대"라 했고, 데카르트는 "나는 생각한다. 고로 존재한다"라고 했다. 그러므로 인연발전을 위한 생각을 잘해야 한다. 중생의 마음은 생각을 담고 있는 그릇이다. 좋은 생각이 담기면 좋은 업이 지어진다.

우리가 변화를 시도해 맺은 인연을 발전시켜야 하는데, 변화를 시도한다는 것은 '생각을 잘하다' 혹은 '생각을 바꾼다'라는 뜻이다. 생각을 바꾸자. 우리는 스스로 타성에 젖어 그릇된 습관과 고정관념을 만든다. 이것이 업장이다. 업장은 좋은 일을 맞이하지 못하도록 방해한다. 업장이 화를 불러일으키게 되는 원인이 된다.

사람은 노력해서 쌓아 가려고 한다. 자본주의 속성으로 보면, 열심히 일해서 많이 벌어야 한다는 것과 같다. 사람이 많이 벌려고 하는 것은 결국 쓰기 위함이다. 쓰지 않으려면 벌어야 할 이유가 없다. 사람의 정신도 이를 적용할 수 있다. 정신도 쌓아서 모아야 하는 것이 있다. 모았으면 이를 소비시켜 배설해야 한다.

입이 큰 스님이 한 분 있었다. 모두들 이 스님을 대구 大口, 입 큰 스님이라고 불렀다. 이 스님이 도인을 친견했는데 입이 얼마나 큰지를 물었다. 진짜 입 크기를 물은 것이 아니라 법거량을 한 것이다. 그러자 대구 스님은 온몸이 입이라고 답했다. 이에 도인은 "입뿐이면 똥은 어찌 누나"라고 말했다.

입으로 음식을 먹으면 화장실에서 배설을 해야 신진대사가 원활하다고 한다. 잘 먹고 잘 배설하는 것이 신체가 가진 생리적 현상이듯 정신도 마찬가지다. 좋은 생각을 많이 해서 몸 밖으로 방출해야 한다. 몸으로 말로 새어나가야 한다. 이것만 할 줄 알면 불교를 잘하는 것이다.

부처님은 법의 재산을 모으라 했다. 불교는 법의 재산을 모으기 위한 종교다. 이를 못하면 빈둥빈둥 놀

며 벌지 못하는 사람과 다를 것이 없다. 신재信財, 계
재戒財, 참재懺財, 괴재愧財, 문재聞財, 사재捨財, 혜재慧財 등
일곱 가지 법재法財가 있다. 법의 재산을 모아 쓸 줄
알아야 한다. 법재法財를 많이 갖추어야 한다.

법의 재산은 없어지지 않는다. 물질적인 재산은 하루
아침에 없어질 수 있지만, 법의 재산은 탕진되지 않
는다. 인생에서 더욱 중요한 재산은 법의 재산이다.
법의 재산을 모으려면 어떻게 해야 할까. 여러 수행
방법 가운데 골라 근기에 맞춰 나름대로 닦아 나가
고, 항상 마음을 바로 쓰는 것이 법의 재산을 쌓는 일
이다.

····

불교의 마음은 자비심이다

불교의 목적은 결과적으로 지혜로운 사람이 되고, 자비로운 사람이 되는 것이다. 그리고 나와 관계된 사람들, 자주 만나는 사람, 사귀는 사람, 같이 일하는 사람, 가르치는 사람들 모두가 그렇게 되도록 서로서로 도와주는 것이 불교정신이다. 이것이 대승불교의 보살이 지향하는 수행의 방향이다.

자비심은 바로 지혜와 자비를 구족한 보살의 마음을

뜻한다. 이러한 자비심은 흔히 자慈와 비悲로 나누어 설명되기도 한다. 자慈는 남을 기쁘게 하는 것이며, 비悲는 남을 동정해서 어렵고 고난에 빠진 사람을 도와주는 것이다.

우리는 부처님의 말씀을 귀로 듣고 머리로 익혀 아는 것은 잘하고 있는 반면, 실제 생활에 그대로 적용하여 실천하는 데에는 상당한 어려움을 겪는다. 즉 대비심의 사회적 실천 문제에는 보살정신이 얼마만큼 내 마음에 훈습되어져 있는가, 또 내가 실제로 살아가는 생활공간에 어떻게 적용하여 가느냐 하는 것을 점검해 보아야 할 필요가 있다.

요즘 사람들은 잘못된 돈을 좋아하고 집착하여도 양심에 조금의 가책도 느끼지 않는 경우가 많다. 또한 여러 가지 부조리와 비리 등 사회 도덕성이 무너지는 사건들이 수없이 터진다. 이러한 현상들은 중생의 마음속에 탐, 진, 치의 삼독심이 증가하고 있기 때문이다. 물질을 소유하고자 하는 욕망은 산업이 발달할

수록 늘어간다. 그런 가운데 조그마한 일에도 비위가 거슬리면 노여워하는 감정 폭발은 너무나 쉽게 일어난다. 걸핏하면 남에 대하여 나쁘게 말하는 것을 예사로 한다. 어떤 때는 남이 잘못되기를 바라고, 우리 사회의 이런저런 현상이 내 마음에 들지 않는다 하여 불만의 덩어리를 가슴속에 담아 놓고 속으로 욕을 하면서 사는 모습이 나타나기도 한다. 사람 사는 것이 무엇일까? 적어도 내 생활이 어리석음에 빠져 있거나 악惡에 가까워져 있어서는 안 될 것이다.

지식이 많다고 반드시 지혜로워지는 것은 아니며, 병든 지식이 무식만 못한 경우도 많다. 이런 마음에는 비悲의 윤리가 바로 서지 않는다. 어떻게 해서든 자기의 체면만을 과시하려는 에고이즘과 같은 과열된 에너지가 우리 사회를 문란하게 하고 있다. 따라서 우리는 자주자주 마음을 비우고 삼독을 살펴야 한다. 인생의 행복은 우리들이 마음을 어떻게 가지고 있는가에 달려 있다. 인생을 바라보고 세상일을 생각하는 관점을 평화롭고 자비롭게 세워야 한다.

결론적으로 '비의 윤리'라고 하는 것은 남을 밉게 보지 않는 것이며, 내 마음에 들지 않더라도 참고 견뎌내는 것을 말한다. 남의 입장을 배려하고 이해하는 것, 즉 나의 노력에 의해서 남의 잘못된 상황이 해소될 수 있도록 도와주는 것이 비의 윤리이다.

그러므로 우리는 이와 같은 정신으로 이 세상 전체를 사랑해야 한다. 나와 내가 속한 단체가 우선되어야 한다는 집착의 마음에서 벗어나 마치 부모가 자식을 사랑하듯 무한한 포용력을 발휘해야 한다.

자비심은 결코 멀리 있지 않다. 일심一心의 공덕을 개발하고 지혜의 구족과 성숙된 자비심을 갖추었을 때 우리의 생애는 비로소 그 보람을 가지는 것이며, 이 혼탁한 세상을 살리는 길이 열린다.

••••

사람은 좋은 염파念波를
가져야 한다

컴퓨터를 사용하는 시간이 많은 사람들에게 가끔 전자파를 조심하라는 경고를 한다. 신체에 유해한 전자파로 인해 눈이 나빠지거나 뇌신경에 손상이 오는 수가 있다고 하여 주의를 요하는 것이다. 청소년의 경우에는 지나치게 컴퓨터에 열중하는 것이 정서적 장애를 유발하는 수도 있다고 한다. 이러한 주의와 경고를 내놓고는 있지만 정보화 시대에 있어서 더욱 넓어지는 사이버공간의 확장으로 컴퓨터 없이는 살 수 없는 시대가 되었다. 글자를 모르는 까막눈을 문맹이라 하는 것처럼 컴퓨터를 사용할 줄 모르는 것을 컴맹이라 하는 말이 오래전에 나왔다. 인터넷 접속으로 세계 곳곳의 정보가 순식간에 교환되고 퍼지는 시대가 되었다. 해킹을 사이버공간의 테러로 보고 폭탄을 투하하는 것과 마찬가지로 보기도 한다. 어떤 사람들은 미래에 있어서의 인생 성공이 사이버공간의 활용에 달려 있다고 말하기도 한다. 이러한 이야기들은 모두 전파의 활용이 인간의 생활을 크게 지배하는 시대가 되었다는 것을 말하고 있다. 또 공산품 가운데 전자제품이 점점 증가하여 이러한 제품을 쓰지 않고는 살 수 없게 되었다. 그런데 이러한 제품 가운데 인체에 유해한 전자파가 심하게 나오면 불량제품이 되고 만단다. 따라서 좋은 제품은 유해전파가 나오지 않아야 한다.

사람의 몸에서도 전파 같은 것이 나온다고 한다. 흔

히 쓰는 말에 체파體波니, 뇌파腦波니, 혹은 염파念波니 하는 말이 있다. 인체에서 방출되는 파장과 뇌에서 방출되는 파장 그리고 생각에서 방출되는 파장이라는 말이다. 대기권 안에 공기가 있듯이 시방세계에 중생의 업상염파業想念波가 있다는 불교의 교리에서 밝히는 이야기도 있다. 문제는 이 염파가 공기가 깨끗해야 하는 것처럼 깨끗해야 한다는 것이다. 그러기 위해서는 사람의 몸에서나 뇌, 그리고 생각에서 좋은 파장이 나와야 한다. 무엇보다도 사람의 생각이 일어날 때 뇌에서 좋은 파장이 나와야 한다고 주장한다. 나쁜 파장이 나오면 전자제품에서 유해전파가 나오는 것과 같다는 이야기이다. 사람의 생각에는 감정의 농도가 있다. 이를 심수心數라고 하는데 이 심수가 좋으면 선한 행동을 하게 되고 나쁘면 악한 행동을 하게 된다. 사람마다 객관경계를 대하여 어떤 느낌을 받을 때 그 감도感度가 다른 것이 심수가 다른 것이다. 이 심수를 좋게 가지는 것을 불교에서는 믿음이라고 한다.

이런 이야기도 있다. 사람의 마음속에 악한 생각이 들어 있을 때와 선한 생각이 들어 있을 때 입에서 나오는 입김을 분해하여 화학반응의 결과를 보면 악한 생각이 들어 있을 때는 검은색이 되고 착한 생각이 들어 있을 때는 흰색이 된다고 한다. 생각이 흑백의 색을 다르게 한다는 말이다. 선업을 백업白業, 악업을 흑업黑業이라 말하는 것도 이래서 나온 말일까? 여하튼 내 몸에서 나쁜 파장이 나오지 않도록 마음 쓰며 살아야 한다는 가르침을 전해 주는 이야기이다. 특히 내 머리에서 어떤 생각이 일어나며 그 파장이 어떠냐는 것은 매우 중요한 문제이다. 노벨의학상을 받은 로저 스페리라는 사람은 성격과 행동을 결정짓는 가장 근원적인 요소는 두뇌라고 말하면서 오른쪽 뇌와 왼쪽 뇌가 하는 역할을 분석해 내기도 하였다. 사람의 뇌에서 어떤 생각의 파장이 나오고 있는가? 유해 전자파가 나오지 않아야 하는 제품처럼 나쁜 파장이 나오지 않는 내 몸이 되어야 한다. 왜냐하면 인간사회는 결국 스스로 이롭게 하고 남을 이롭게 하는 자

리이타의 공덕으로 사는 곳이기 때문이다. 내 존재의
의미는 내가 가진 생각의 가치에 달려 있다.

····

소처럼 걸으며
호랑이처럼 보라

어느덧 만추의 서정이 사람의 가슴을 애상에 젖게 하는 시절이 되었다. 단풍으로 물들던 산의 경치도 이제 곧 낙엽과 함께 앙상한 가지가 드러날 것이고 텅 빈 들녘의 허전함이 공연히 사람의 마음마저 쓸쓸하게 만들 것이다. 세월이 왜 이렇게 빠른지 하는 일 없이 시간만 허송하는 것 같은 안타까움을 금할 수가 없다. 내가 아는 어느 스님은 나보다 대여섯 살 위인

데 오래전부터 시간이 너무 빨리 지나는 것이 자신을
한탄하게 한다고 하였다. 그때 나는 이 말을 예사로
들었지만 지금 와서는 내 자신도 꼭 그 스님과 같은
탄식을 할 때가 한두 번이 아니다. 아니티아anitya! 무
상이라는 이 말 속에는 자신을 돌아보며 슬픔을 느끼
게 하는 메시지가 있는 것 같다.

세월 무상을 느끼다 보면 현재 지금 이 시간을 그대
로 멈추어 놓고 싶다는 생각이 들 때가 있다. 시간이
끊어져 버린 어떤 블랙홀 같은 것에 빠져 버리고 싶
은 심사라 할까? 물론 불법을 통달한 오도의 경지에
서는 오고 가는 것이 없다고 한다. 『화엄경』「광명각
품」에는 이런 게송이 설해져 있다.

一念普觀無量劫
無去無來亦無住
如是了知三世事
超諸方便成十力

한 생각에 널리 무량겁을 관해 보니
가는 것도 없고 오는 것도 없으며, 또한 머무는 것도
없구나.
이렇게 과거 · 현재 · 미래 일을 알아 버리면
아무 방편 쓸 것 없이 부처 되리라.

참으로 고차원적인 법문이다. 일념이 되면 삼세를 초
월한 영원한 현재이다. 과거니 미래니 하는 것은 분
별의 식심에서 나오는 것이다. 사실 꿈속에서 몽중
의식을 통해 느낀 시간은 꿈에서 깨어나면 없는 것이
다. 남가일몽南柯一夢이라는 고사성어에 나오는 설화처
럼 꿈속에서 평생 부를 누렸는데 깨어 보니 아직 부
엌에서 짓던 조밥이 익지 않았더라는 것이다. 덧없기
는 모든 것이 마찬가지일 테지만 사람 사는 현실 속
을 둘러보면 너무나 바쁘게 움직이고 있는 것 같다.
모두가 질풍 같은 속도로 어디론가 가쁜 숨을 몰아쉬
며 뛰고 있는 모습이다. 현대사회의 특징은 속도경쟁
이라고 말할 정도로 빠르고 빠르게 모든 것이 나아간

다는 것이다. 인터넷의 속도경쟁은 첨단기술의 시간 경쟁이라고 할 수 있고, 드디어 고속도로도 하이패스가 등장하였다. 초고속을 지향하면서 빠름이 승부를 결정지어 주는 시대가 되었다. 물론 빠르다는 것은 시간이 절약되어 짧은 시간에 많은 일을 할 수 있다는 뜻이 된다. 하지만 마음 쓰는 정신생활에 있어서 빠르다는 것은 민첩한 행동을 두고 말할 수도 있지만 성급하다는 부정적 의미도 동시에 갖고 있다. 침착하고 신중하지 못하고 성질 급하게 함부로 날뛰는 조급증을 놓고 볼 때 천천히 생각할 수 있는 여유를 가지지 못하여 불안과 초조에 시달리는 꼴이 되어 버리는 것이다. 앞만 보고 질주하는 사람은 뒤를 돌아보거나 옆을 쳐다 볼 여유가 없는 사람이다. 어떤 면에서 보면 사람이 여유를 빼앗기고 산다는 것은 자신을 좀 더 깊이 자각할 계기도 없이 타성적 생활에 쫓기기만 하는 의미 잃은 삶이 될 수도 있다. 메커니즘의 습관에 물들어 기계적으로 살아가는 현대의 생리가 이래서 인간정신의 황폐를 가져온다고 염려하는 이야기도 나오고 있는 것이 아닐까?

롤로메이가 쓴 책 중에 『잃어버린 자아를 찾아서Mans' search for himself』라는 제목의 책이 있다. 이 책 속에 이런 일화가 소개되어 있다.

미국 뉴욕시에 사는 어느 버스 기사가 있었다. 매일 같이 버스회사에 출근, 자기에게 배당된 차를 몰고 나와 정해진 노선을 다니며 승객들을 수송했다. 매일 똑같은 일을 반복하며 기사로써 직장생활을 하던 그는 어느 날 갑자기 이상한 충동에 사로잡힌다.

"내 인생 이게 뭔가? 매일 똑같이 버스만 운전하면서 정해진 코스만 왔다 갔다 하고 사는 이 지긋지긋한 생활, 이걸 하려고 내가 태어났는가?"

갑자기 자기 처지가 한심스럽고 처량하다는 생각이 들었다. 그는 우발적인 충동을 이기지 못하여 그만 버스를 몰고 다른 주로 넘어가 전국을 누비며 여러 날 여행을 해 버린다. 회사에서 볼 때는 무단으로 직무 이탈을 하여 행방불명이 되어 버린 것이다. 승객

수송을 해야 할 근무자가 버스를 몰고 나간 채 여러 날 동안 소식이 없자 경찰에 신고, 수색을 의뢰했다. 마침내 그는 경찰의 검문검색에 걸려 버스회사로 되돌아온다. 회사에서는 그를 해고해 버렸다. 그는 우발적 충동에 사로잡혀 벌인 일로 인해 직장을 잃게 된 것이다. 그는 할 수 없이 또 다른 일자리를 구해야 했다. 신문사에 근무하는 친구에게 운전수로 일할 자리 하나 알아봐 달라 부탁을 하면서 우발적인 충동 때문에 엉뚱한 짓을 하여 해고된 내력을 이야기해 주었다. 이 이야기를 들은 신문사 기자는 '어느 기사의 해프닝'이라는 기사를 내어 한 소시민의 삶의 애환을 소개하게 되었다.

신문기사가 보도된 이튿날 뜻밖의 일이 벌어졌다. 버스회사 앞에 수많은 사람들이 몰려와 시위를 하는 것이었다. 버스를 운전하던 기사의 해고를 철회하라는 것이었다. 몰려온 시민들은 어느새 해고 철회를 요구하는 플래카드를 들고 나왔으며, 해고당한 기사에게 전하려고 꽃다발을 들고 왔다. 그들은 버스를 몰고 며칠 여행을 해 버린 기사의 행동이 모든 사람들의 가슴속에 잠재해 있는, 소시민들의 말할 수 없는 삶의 애환이라고 하였다. 이것을 회사가 이해하고, 관대한 처분을 하여 계속 일을 하게 해 주어야 한다는 것이었다. 이 뜻밖의 시위에 의해 버스회사에서는 시민들의 요구를 받아들여 해고 철회를 했다고 한다.

이 이야기에는 사람 사는 것이 무엇인가 하는 원초적인 의문을 제기하는 메시지가 들어 있다고 볼 수 있겠다. 어떤 때 우리는 자기 정체에 대한 의문을 일으키며 달리 살 수 있는 어떤 대안은 없는가 하고 답답해 할 때가 있다. 부질없는 망상이라 일축할 수 없는 내 자신에 대한 스스로의 연민인 것이다.

구정九鼎 스님이 솥을 아홉 번 고쳐 걸고 도를 깨달았다는 설화도 있지만 사람은 같은 일의 반복에 진력이 나기도 하고, 매일 똑같은 일을 하지만 하루하루가 새롭게 느껴지기도 한다. '날마다 새롭다日日新新' 혹은 '하루하루 참 즐거운 날이다日日是好日'라는 선가에서 즐겨 차용해 썼던 말이 있다.

새롭고 즐겁게 살아가는 인생이 되고, 새롭고 즐겁게 살아가는 세상이 되어야 정토의 구현이 이루어질 것이다. 문명이 발달할수록 세상이 온통 과속하는 것 같다. 바빠지고, 복잡해지고, 게다가 기록갱신을 위한 육상선수처럼 전력을 다하여 달려야만 하는 것이 인생이란 말인가?

중국의 노자는 태평성대를 묘사하기를 마을 이쪽 끝에 사는 사람이 저쪽 끝에 사는 사람을 만나려고 집을 나서 마을을 가로질러 가는데 도중에 사람을 아무도 만나지 않으며, 낮닭 우는 소리와 개 짖는 소리만 들을 뿐이라고 하였다. 조용하고 한가로우며, 여유가 남아 있는 풍경이다.

"우보호시牛步虎視"란 말이 있다. 소처럼 걸으며 호랑이처럼 본다는 말이다. 세상을 사는 요령을 가르쳐 주는 말일 수도 있다. 소는 결코 서두르지 않고 천천히 간다. 침착하고 신중하게, 그리고 불안하지 않은 모습으로 가는 것이 소의 걸음이 상징하는 의미다. 무엇엔가 쫓기듯이 가지 말고, 누군가를 추격하여 무엇을 빼앗으려는 듯 가지 않는 소의 걸음을 본받으라는 뜻이다. 그러나 관찰은 예리하고 날카롭게 해야 한다. 흐린 눈망울, 멍청한 시선을 가져서는 안 된다. 지혜로운 관찰력과 창의력을 가지고 모든 상황을 압도해 버리는 호랑이의 날카로운 눈매같이 예지의 빛을 발하는 사람이 되어 보라는 뜻으로 이해할 수 있는 말이다.

쏜살같이 달아나는 사람은 관찰할 수 있는 틈을 가질 수 없다. 만물을 정관할 수 있는 계기를 빼앗겨 버리면 우선 자신의 내부 혼란을 극복할 수 없을 것이다. 돌아보지 아니하면 추억할 수 없지 않은가? 추억할 수 없다면 과거를 모두 상실해 버리게 된다. 적어도 내가 머무르고 싶었던 순간도 있어야 하는 법이다.

....
가을이 올 때마다

추석이 지났는데도 낮에는 아직 더위가 느껴진다. 혹
서가 유난히도 오래된 올 여름은 가을 더위까지 맛보
라는 것인지 동장군이 아닌 하장군이 물러가기가 싫
은 모양이다. 하지만 어제가 추분이었는데 물러가지
않고 어쩌겠는가? 하늘은 이미 높아졌고 산골짜기 물
도 한층 맑아졌다. 오늘은 포행을 하면서 하늘을 쳐
다보니 하늘 높이 양떼구름이 떠 있었다. 가을은 하

늘에서 내려오고 봄은 땅 밑에서 올라오는 것이니 하늘에 가을이 보이면 땅에도 이내 가을이 물들게 되어 있는 법이다.

지구온난화니 이상기후니 하는 말들이 자주 나오지만 옛날에도 이상기후는 있었던 모양이다. 『삼국유사』 조설조_{早雪條}에는 한가윗날에 눈이 왔다는 이야기가 있다. 추석에 눈이 왔다는 건 분명 이상 날씨다. 선가_{禪家}에서 가끔 쓰이던 말에 "섣달부채_{臘月扇子}"라는 말이 있다. 겨울인 동짓달에도 혹 더울 때가 있어 부채가 필요할 수 있다는 말이다.

계절 따라 느껴지는 기온 차이만큼 정서적 회포도 달라진다. 봄을 맞이할 때와 가을을 맞이할 때가 완연히 다르다. 봄에는 세월이 다가오는 것 같았는데 가을은 세월이 지나가는 것 같다. 다시 말해 세월무상의 감도_{感度}가 가을이 훨씬 높다는 말이다. 어떤 이는 말하기를 나이 많은 노인은 세월이 가는 것 같고 젊은이들에게는 세월이 오는 것 같다고 했다. 정말 그럴싸하게 들리는 말이다. 어떤 때는 오늘 하루가 지나가는 것이 슬프고 안타까울 때가 있다. 노년의 하루는 분명 남아 있는 생애의 하루하루가 카운트다운 당하면서 감소되고 있는 것이 더욱 절실히 느껴지는 것이다. 중국 제齊나라 경공景公이 우산牛山에 올라갔다가 지는 해를 보고 인생무상을 느낀 나머지 눈물을 흘리며 울다 장탄식을 하고 내려왔다는 고사도 있다.

세월이야 무심히 오고갈 뿐인데 인간의 심회는 때에 따라 만감을 교차시킨다. 길을 가다가 이정표를 읽는 것처럼 인생에는 지나가는 계절이나 연륜마다 숨어 있는 이정표의 사인이 있는 것 같다. 어찌 보면 읽지 않고 외면할 수 없는, 꼭 보아야 하는 사인보드다. 철학자들은 인생을 곧잘 길 가는 나그네에 비유해 말한 것이 많다. 공동묘지를 향해 걸어가고 있다는 말이라든지, 안개 낀 다리 위를 건너간다는 말 등이 모두 철학자들의 입에서 나온 말이다. 중국 당나라 때의 시인 이백은 "하늘과 땅은 만물의 여인숙이요, 세월은 대대로 지나가는 나그네다天地者萬物之逆旅 光陰者百代之過客"라고 하였다.

인생이란 어떤 면에서는 무한한 초월의 공간에서 세
월을 타고 와 생사의 낙점落點을 찾고 있는 것이 아닐
까 하는 생각도 든다. 어디에 태어나서 언제 죽을까
하는 명제를 가지고 운명에 부딪치며 살고 있는 것이
다. 시간과 공간이 수직적으로, 수평적으로 동시에
교직되면서 짜이고 있는 것이 중생계의 현실이다. 때
문에 존재의 실태는 언제나 언제 어디라는 시점時點과
지점地點을 가지고 있다. 사람은 누구에게나 여기에
맞춰지는 자신의 낙점을 가지고 사는 것이다. 내가
스스로 선택하고 누군가에 의해서 내가 선택되어지
는 모든 것이 따지고 보면 모두가 낙점을 찾는 것이
다. 이 가을이 저물어 가면 단풍 든 나뭇잎이 떨어져
낙엽이 될 것인데 이것도 자연의 섭리에 의해 일어나
는 낙점이 아니겠는가? 비 오는 날 떨어지는 빗방울
처럼 인연의 땅에 점을 찍는 일이 사람의 일이요, 세
상의 일인 것 같기만 하다.

길을 가다가 이정표를 읽는 것은 목적지까지 남은 거리를 알아보기 위해서라고 할 것이다. 인생의 이정표를 읽는 것도 남은 생애를 어떻게 살까 하는 인생의 회향을 대비하는 마음에서일 것이다. 가을은 인생의 이정표를 읽어 보는 계절인 것 같다. 옛적 부처님 당시의 수행자들은 우기雨期와 건기乾期의 계절이 바뀔 때마다 남아 있는 생애가 얼마나 되는가를 생각했다고 한다. 비록 인생이 끝나지 않는 연속극이 되어 세세생생의 윤회가 이루어진다 하여도 아침 해와 저녁 해를 바라보는 회포가 다르듯이 계절의 감상이 내 인생에 대하여 다시 한 번 생각해 보게 하는 것 같다.

····

책과 바보 얼간이

조선조 영조 때의 실학자 이덕무李德懋, 1741-1793가 쓴 자서전의 제목은 『간서치전看書痴傳』이라 한다. 이는 그가 자신에 대해 직접 쓴 짤막한 기록문인데 무엇보다 제목이 특이하여 호기심을 끌고 있다. '간서치'란 말은 '책만 보는 바보 얼간이'라는 뜻인데 자신을 스스로 비하시켜 붙인 말인 것 같다.

당대의 학자였던 그가 스스로를 책만 보는 얼간이라

고 표현한 것은 겸손의 미덕으로 볼 수 있는 말이기
도 하지만, 한편으론 그의 불우한 생애에 대한 자조
의 푸념이 담긴 말이라고도 볼 수 있겠다. 서자 출신
이었던 그는 어릴 때부터 가난하고 몸이 약하여 정상
적인 교육을 받지 못하고 온갖 고생을 겪으며 성장했
던 매우 불우한 인물이었다. 그러나 타고난 총명 덕
택으로 6살에 이미 문리文理를 얻고 약관에 박제가, 유
득공 등과 어울리며 시를 지어 문명을 크게 떨쳤다.
하지만 서자라는 신분 때문에 많은 수모도 겪어야 했
고, 벼슬길을 찾는 데도 남다른 설움을 견디어야 했
던 것으로 알려져 있다. 실제로 그의 학문적인 실력
에 비해 그가 누렸던 벼슬은 고위직이 아닌 중하위의
직책뿐이었다.

그러나 그는 남다른 독서광이었다. 책을 얼마나 열
심히 읽었던지 스스로 "배고픔과 추위, 설움과 번뇌,
그리고 기침을 잊기 위해 책을 읽었다"고 술회하고
있다. 바꾸어 말하면 독서로 자기 인생의 한을 풀려
했다고나 할까. 불우한 환경의 좌절과 절망을 딛고

일어서기 위해 책을 읽는 데 몰두하였다는 그 정신이
너무나 거룩해 보인다. 그가 얼마나 책 읽기를 좋아
했는지는 다음의 말에서도 엿볼 수 있다.
"나는 책 속에서 소리를 듣는다. 먼 북쪽 변방의 겨
울바람 소리, 먼 옛날의 귀뚜라미 소리가 책에서 들
린다."
귀뚜라미 소리가 들린다는 것은 두보의 시 「귀뚜라
미」를 읽고서 느낀 감상을 표현한 것이다.

언젠가 신문에서 우리나라 사람들의 독서량이 일반
층이나 학생층 모두 이웃나라들에 비해 현격히 떨어
진다는 기사를 보았다. 젊은 세대들은 컴퓨터 게임에
빠지는 사람들이 많고, 학생들은 수험 공부에만 매달
리고, 일반 사람들도 책을 가까이하지 않아 독서를
좋아하는 사람들이 점점 줄어든다는 것이다. 이는 여
러 가지 이유가 있겠지만 그 가운데 한 가지를 든다
면 옛날의 선비정신이 실종된 부재현상에서 비롯된
일로, 독서로 정신 수양을 하려 하지 않는 점일 것이

라고 생각된다. 옛날의 선비들은 항상 책을 가까이하고 살았다. 자신의 인격을 닦는 필수적 수신이 바로 책을 찾는 데서 시작되었던 것이다. 선비정신이란 꼭 문벌이 좋은 귀족을 말하는 것이 아니다. 글을 좋아하며 도덕적 품위를 지키려는 이들이 선비들이었다. 이들은 지조와 절개를 지키며 도덕적 소신을 분명하게 지키면서 문文을 숭상하는 정신을 가지고 있었다. 글 한 자를 가볍게 여기지 않고 끝까지 이치를 궁구하려 하였다. 이들은 독서삼도讀書三到로써 삶의 영양을 섭취하며 살았다. 독서삼도란 책을 눈으로 잘 보고, 입으로 잘 읽고, 마음으로 잘 이해하여 음미하는 것을 말한다.

책 속에 길이 있다는 말은 흔하게 쓰이는 말이다. 또한 책 속에는 스스로를 달래며 위안시켜 주는 안심법이 있다. 그럼에도 불구하고 이것을 모른다는 것은 참으로 안타까운 일이다. 물질만능의 배금주의가 팽배한 세상에서 경제적 여유가 있는 사람들은 유흥과

환락 쪽으로 관심을 기울이고, 생활이 어려운 사람들은 상대적 빈곤감에 열등의식에 빠져 마음의 수양을 뒷전으로 보내 책을 가까이하지 않는 경향이 두드러진 사회가 되었다. 국민의 지적 자산이 감소하는 현상이며, 동시에 사회의 도덕적 자산이 감소하는 현상이다. '빵만으로 살 수 없다'고 외친 사람이 있었듯 육체적 탐닉이 인생의 전부가 아니다.

불교는 가장 많은 경전을 가지고 있는 종교이다. 그러나 불교계의 독서량이 다른 종교보다 많다고 할 수가 없다. 팔만대장경을 두고도 읽는 불자가 없다면 독서의 결핍으로 불교가 쇠망해질 수 있다. 그러므로 경전 읽기 등 새로운 독서운동이 불교계 안에서도 일어나야 하고 사회적 운동으로도 책 읽기가 권장되어야 하겠다. 소크라테스는 이렇게 말했다.
"남의 책을 읽는 데 시간을 보내라. 남이 고생한 것에 의해 쉽게 자기를 개선할 수 있을 것이다."
하다못해 우리는 한 편의 시를 읽고 이를 음미해 볼

수 있는 생활의 정서적 여유를 찾아내야 한다. 책을
읽지 않으면 어떤 의미에서는 나의 소중한 시간을 잃
어버리는 결과가 될 것이다.

....

가을과 기도

"가을은 서글픈 계절이다. 시들어 가는 풀밭에 팔베
개를 베고 누워서 유리알처럼 파랗게 갠 하늘을 고요
히 우러러 보고 있노라면, 마음이 까닭 없이 서글퍼
지면서 눈시울에 눈물이 어리어지는 것은 가을에만
느낄 수 있는 순수한 감정이다."

이상은 정비석의 「들국화」에 나오는 구절이다. 벌써

가을이 깊어졌다. 샹들리에 같은 여름이 어느덧 지나
고 등롱燈籠과 같은 가을이 되었다. 확실히 가을은 사
계 중에서도 애상의 계절이다. 추풍에 떨어지는 낙엽
을 보면 공연히 무상감이 느껴지고 자신도 모르게 스
스로가 쓸쓸해지는 것 같다. 인간의 마음에 사계절의
마음이 들어 있다고 하는데 봄의 온화함, 여름의 정
열, 가을의 애상, 겨울의 냉정함이라고 할 수 있을 것
같기도 하다.

사람이 애상에 젖을 때 감정이 순수해진다는 것은 흥
분된 마음보다 차분한 마음에서 생각이 더 맑게 나오
기 때문일 것이다. 그러니까 애상에 젖는 마음이 감
정 자체를 순화시킨다고 할까.

신앙생활을 하는 사람들은 가을을 기도의 계절이라
고 한다. 기도하는 데 계절이 따로 있을 리야 없지만
가을이 되면 감정이 순수해지므로 기도하기에 좋은
계절이라는 말인 모양이다. 사실 맑은 하늘을 바라
보면서 뭔가 진지해져 보고 싶은 마음이 가을의 서정

이다. 때문에 가슴속에 그리움을 안고 사색의 날개를
펴면서 뭔가를 빌어 보고 싶은 때가 가을이다. 동시
에 가을의 기도는 우수憂愁와 함께 시작하는 내 영혼
의 점화다. 말하자면 영혼의 촛불을 밝히는 것 같은
내면 청소라 하겠다. 육체나 물질을 위해 빌기보다는
정신을 위해, 영혼 그 자체를 위해 빌고 싶은 것이다.
사람은 일생을 살면서 수없이 기도를 하며 산다.
특정 종교를 믿지 않더라도 생활 속의 현실적 소원이
누구에게나 있으므로 그 소원을 가지는 자체가 바로
기도일 수도 있는 것이다. 그러나 이러한 소원이, 감
정의 순화와 함께 승화되는 에너지 증발현상이 내 영
혼으로부터 나와야 한다. 욕망의 껍질만 두껍게 하
는 것은 진정한 기도가 아니다. 상상할 수 없는 감정
의 떨림을 체험하면서 영혼 깊숙이 솟아나는 맑은 눈
물을 흘릴 줄 알아야 한다. 옛말에 소가비진笑假悲眞이
라는 말이 있다. "웃는 것은 거짓이요 우는 것은 진실
이다"라는 말이다. 사람의 심리는 기쁨에 도취될 때
보다 슬픔에 빠질 때 진실에 가깝다는 말이다. 아무

도 기도를 흥으로 하지는 않는다. 가장 진지하게 자기 내면을 응시하는 것이 기도이다. 어느 시인은 이런 말을 하였다.

"일생을 살면서 기도를 한 번도 해 보지 않은 사람은 이 세상에 태어나서 꽃을 한 번도 본 일이 없는 것과 같다."

그러니까 기도는 자기 마음의 꽃을 피우는 일이다. 영혼의 밭에 꽃씨를 심는 일이 기도이다.

내가 아는 수좌 스님 몇 명이 설악산 봉정암에 기도를 하러 간다고 떠났다. 왜 그렇게 멀리 가느냐 했더니 사실은 가을이 되어 멀리 떠나 보고 싶어 간다고 하였다. 어떤 이수離愁를 스스로 느끼고 싶다는 말이다. 떠나는 슬픔은 곧 떠나는 기쁨인 것인데 가을은 공연히 이수를 느껴 보고 싶어 하고 뭔가를 위해 빌어 보고 싶게 한다. 하늘이 향기를 풍기는 것 같은 이 가을, 좋아하는 사람의 얼굴에서 하늘 냄새가 나는 것 같은 이 가을에 우리도 무언가 한번 빌어 보자.

언젠가 인공위성 발사를 위해 카운트다운에 앞서 고사를 지냈다는 기사를 읽은 적이 있다. 최첨단 과학 문명이 가장 원시적인 인간의 기도심리에 편승, 로켓을 발사하려 했다는, 어찌 보면 참으로 아이러니한 이야기에 나는 고소를 금치 못했다. 러시아의 문호 도스토옙스키는 이렇게 말했다.

"기도를 잊지 말라. 그대가 기도를 할 때마다 만약 그대의 기도가 성실하다면, 그 속에는 새로운 느낌과 새로운 의미가 있을 것이다. 이것이 바로 그대에게 생생한 용기를 줄 것이며 그대는 기도가 곧 하나의 교육이라는 사실을 이해하게 될 것이다."

우리 다 같이 새겨봄직한 말이다.

····

다시 시작하는 마음으로

어제가 지나고 오늘이 온다. 그리고 또 오늘이 지나고 내일이 올 것이다. 물 흐르듯 진행되는 시간 속에 과거와 현재, 미래가 있다. 지나간 일에 대한 후회를 하면서 반성을 하기도 하고, 미래에 대한 기대로 꿈에 부풀기도 한다. 사람이 살면서 하는 일의 결과가 삼세의 인과관계로 연결된다는 불교의 교리적인 설명도 있지만 때로는 열심히 노력했는데도 좋은 결과가 나오지 않는 수도 있다. 소기의 목적이 뜻대로 이루어지기보다는 원하는 대로 되지 않아 실망을 하게 되는 경우가 더 많은 것이다. 그래서 인생의 성공률이 실패율보다 현저히 낮다고 한다. 야구선수가 안타를 치는 것이 일류 선수가 3할 대를 유지하는 것처럼 인생타율도 3할밖에 안 된다고 말하는 경우도 있다. 누구나 성공을 위해서는 확률이 낮은 좁은 문으로 들어갈 수밖에 없는 것이다.

하지만 사람이 희망을 가지고 개개인의 삶을 도모하다 보면 확률로 따질 수 없는 본질적 가치가 있다. 비록 하는 일이 순조롭게 이루어지지 않아 그 일이 실패로 끝나서 뜻을 이루지 못한다 해도 노력 속에 들어 있는 숱한 사연은 실패나 성공에 관계없이 똑같이 내 삶의 내용이 되는 것이기 때문이다. 세상에 태어나 한평생을 살아가는 삶 그 자체에 있어서는 성공과 실패를 가리지 않고 살아야 하는 본래 삶의 궤적이 있다. 그것은 기차가 선로를 따라 달리는 것처럼 운명적으로 결정되어 있는 것은 아니다. 다시 말해 인생의 코스는 일정하게 정해져 운행되는 것이 아니기 때문에 예측할 수 없는 종점을 가지고 있다는 말이다. 우리는 흔히 성공하면 행복해지고 실패하면 불행해진다고 생각하지만 실은 행복과 불행은 항상 함께 공존하고 있는 것이다.

『열반경』「성행품」에 이런 장면이 나온다.

어느 장자의 집 앞에 눈이 부실 정도로 아름다운 미모의 여인이 나타났다. 마침 대문 밖에 나와 있던 장자가 그 아름다움에 감탄을 하고 물었다.

"어디서 온 누구이며 무엇 하러 여기까지 왔소?"

"나는 공덕천에서 온 천녀로 가는 곳마다 행복을 전해 주는 일을 합니다."

이 말은 들은 장자는 대문을 활짝 열고 공덕천녀를 자기 집 안으로 들어오기를 청했다. 그리하여 집 안에 들어온 공덕천녀를 대접하려 하는데 누가 또 대문을 노크했다. 문을 열고 보니 이번에는 어디서 왔는

지 몰골이 추악하게 생긴 추녀가 와 있는 것이다. 그
모습이 혐오스러워 장자는 퉁명스럽게 여기 뭣하러
왔느냐고 물었다.
"나는 흑암천에서 온 천녀입니다. 불행을 퍼뜨리기
위해 여기 왔습니다."
이 말을 들은 장자는 큰소리로 꾸짖으며 어서 물러가
라고 야단을 쳤다.
그러자 추녀는 뜻밖의 항변을 했다.
"나도 당신 집에 들어가야 합니다. 왜냐하면 조금 전
에 들어간 공덕천녀가 나의 친언니이며 언니와 나는
항상 같이 있어야 하기 때문입니다."

이 이야기는 행복과 불행이 그 근원에 있어서 똑같다
는 뜻을 상징적으로 나타내고 있다. 바꾸어 말하면
성공과 실패가 둘이 아니라는 말이다. 모든 것은 근
본의 성리(性理)에서 보면 현상의 차별이 나타나지 않아
동시에 같이 있다는 뜻이다. 따라서 겉에서 보는 외
면의 모습과 안에 있는 실상의 모습은 전혀 딴판인

것이다. 그러므로 행복한 것이 불행하다고 볼 수 있고 불행한 것이 행복하다고 볼 수 있다는 역설적인 말이 나오기도 한다. 다만 실제 현실에서 어떤 것이 나타나느냐 하는 것은 우열의 법칙에 따라 나타나, 하나가 드러나면 하나는 숨어 버리는 결과가 된다고 할 수 있다. 모르는 것을 알려고 하고 보이지 않던 것을 보려고 하는 것 등이 모두, 숨어 있던 것을 드러나게 하는 개발의 노력으로 열성劣性을 우성優性으로 전환하는 일이다. 세상일이 모두 우열로 가치를 판단하는 데 있어 내가 해야 하는 일은 어디에 나의 우성을 드러내 놓느냐 하는 점이다. 그것을 위해서 언제나 새로운 시작을 해야 한다. 새로운 시작이라는 말은 생각해 보면 참으로 가슴이 설레는 말이다. 이 말처럼 좋은 말이 또 어디 있을까? 내 자신에게 내재되어 있는 우성과 열성, 두 가지 상반된 것 중에서 내 밖으로 우성을 드러나게 하는 것이 바로 새로운 시작이다. 또한 이 말은 처음 시작할 때의 초심을 잃지 않고 항상 새로운 그대로를 유지, 상속해 간다는 뜻을 가지고 있다. 때로는 실패를 딛고 일어서려는 불굴의 의지를 나타내는 말이기도 하지만 언제나 신선하고 맑은 공기가 얼굴에 닿는 것처럼 참신한 뜻을 펴 진부해지거나 그릇된 타성에 빠지지는 않는다는 것을 강조하면서 하는 말이다. "날마다 새롭게 하고 또 새롭게 한다日日新 又日新"는 말이 『대학』에 나온다. 또 주자의 『근사록近思錄』에는 "날로 새롭지 않으면 반드시 날로 퇴보한다不日新者 必日退"하였다. 사실 이 세상 모든 것은 순간순간 새롭게 태어나는 것이다. 하루하루가 아니라 순간순간에 다시 태어나는 것이다. 무상無常을 찰나에서 보면 찰나에 생겼다가 찰나에 없어지는 것이기 때문이다. 때로는 우리 인생의 문제를 일기무상一期無常으로 보지 말고 찰나무상剎那無常으로 보고 살아야 한다. 한 생애가 무상한 것이 아니라 순간순간이 무상할 때 생멸의 이치를 긍정적인 방향으로 운용하기가 쉬운 것이다. 생겼다 없어지는 생멸이, 없어지는 것이 부정되는 소멸이 아닌 긍정되는 생성이라는 생에 방점을 찍고 살자는 것이다. 그렇기 때문에

순간은 언제나 새로운 것이 된다. 그래서 인생을 언
제나 다시 시작하는 마음으로 살게 되는 것이다. 설
사 죽는 순간이 와도 다시 태어나는 순간이 되는 것
이다.

깨끗하지 못한 오염된 법은
다할 때가 있으나
깨끗한 법은 다하지 않는다.

....

내
안
에,
내
가
있
다

....

하늘과 땅은 만물의 여인숙이요,
세월은 대대로 지나가는 나그네다.
(天地者萬物之逆旅 光陰者百代之過客)

....
무엇을 남기고 가야 하는가

옛말에 "사람은 죽어서 이름을 남기고 호랑이는 죽어서 가죽을 남긴다"라는 말이 있지만 한 인간이 세상에 살다 돌아간 다음 도대체 무엇이 남는 것일까? 물론 생전의 업적이 남을 것이고, 작가나 예술가들은 불후의 명작을 남겨 만고에 그 이름을 기억하게 하는 수도 있을 것이다. 인류의 역사 속에 이러한 사례는 수없이 많다. 그러나 아주 드물게 이름을 남기지 않고 아무도 모르게 죽은 사람들도 있다.

옛날 어느 스님은 친한 도반에게 "내가 보이지 않으면 죽은 줄 알아 달라"라는 말을 남기고 자취를 감춘 후 영영 행방불명이 되어 버렸다. 친한 도반 몇 사람만 그가 아무도 모르게 죽었다는 사실을 믿고 있었다. 그것은 죽었다고 여겨지는 그 스님이 살아생전에 남긴 말 한마디 때문이었다.

"난 이렇게 죽었으면 하네. 아무도 보지 않는 한밤중에 걸망에 돌을 가득 넣어 지고 몸에서 벗겨지지 않게 단단히 묶어 강의 다리를 지나다 강물 속으로 뛰어내려, 이 육신은 고기들에게 보시를 하고, 내 죽음으로 인해 아무에게도 수고를 끼치지 않게 하고 싶네."

이 말 때문에 몇몇 도반들은 그가 이 세상을 떠난 사람이 되었다고 믿어 버린 것이다. 사람이 아무도 모르게 죽는다는 것은 거의 불가능하다. 그리고 설사 아무도 모르게 죽었다 하더라도 시신이 남아 결국에는 그 신원이 밝혀지는 것이 상례이기 때문에 사후에 누가 죽었다는 것이 누구에게든 알려지게 된다. 그런데 때로는 사람들의 마음에 죽으면서도 죽음을 없애버리고 싶은 마음이 숨어 있는 경우가 있다고 한다.

얼마 전에 어느 신도님이 죽었다는 부음을 들었다. 갑자기 거사 한 분이 돌아갔고, 칠순이 넘은 보살님 한 분이 돌아갔다는 슬픈 소식을 들었다. 태어나고 죽는 일이 본래 없는 일이라는 경전 속의 말씀도 있지만 이 세상에서 가장 확실한 일은 태어난 사람이 죽는다는 사실이므로, 누구의 부음을 듣는 것도 순간적으로 덧없는 무상을 느끼는 작은 감정의 편린에 지나지 않게 되었지만 이번에 돌아간 신도님의 죽음은 많은 여운을 내게 안겨 주었다.

몸이 병들었다는 사실을 알고 난 망인은 몰래 이것저것을 조용히 정리하기 시작했다. 마지막으로 공부방에 나와서 하직 인사처럼 앞으로는 공부방에 나올 수 없게 되었다고 넌지시 말했다. 그리고는 조용히 죽음의 날을 기다리며 세상의 모든 집착을 버리기 시작했다.

재산이 많지도 않았고 별로 유식하지도 않았던 망인
은 전해 들은 바로는 죽음에 임하는 자세가 남달랐다
고 한다. 조금도 슬퍼하거나 외로워 하는 표정을 짓
지 않고 담담하게 평소의 일상을 그대로 유지했다.
점점 느껴지는 육신의 통증을 남모르게 참아내며 병
원에 입원하여 수술을 받자 하는 가족들의 청을 끝내
거절하고 오히려 식구들을 위로했다.

"나는 이미 갈 준비를 다 했다. 몇 년 더 살다 가나 지
금 가나 똑같은 것이다. 나를 병원에 입원시킬 돈이
있거든 차라리 손자들 학비에 보태 쓰도록 해라."

망인은 입원을 사양하며 자녀들을 이렇게 타이르고
달랬다. 마치 동산 양개洞山良介, 807~869 선사가 입적하기
전 우치재愚癡齋를 지내며 살아남은 사람들을 위로하고
갔다는 이야기처럼 망인은 죽음에 대한 불안과 공포
는 전혀 없는 것처럼 보였다. 자신의 죽음에 어떤 생
각도 일으키지 않고 무심히 죽고 싶어 했다. 생에 대
한 미련이 왜 없을 수 있을까만 모든 걸 초월하여 무
심삼매에 들고 싶어 했는지 모를 일이다.

"사후에 아무것도 남기지 말라."

이 말은 절대 무無의 세계에 들어가 죽음 자체를 초월하라는 뜻을 가지고 있는 말이다. 이렇게 되는 것이 말하자면 웰다잉well-dying이다. 사실 웰빙well-being의 끝은 웰다잉에 있다고 해야 할 것이다.

"철저히 살다가 철저히 죽어라."

원오 극근圓悟克勤, 1063-1125 선사의 어록에 나오는 이 말은 나고 죽는 생사를 벗어난 해탈의 삶을 살라는 가르침이기도 하지만 잘 산다는 것은 잘 죽는다는 것을 뜻하는, 생사를 등치시킨 말이기도 하다.

시성詩聖 타고르는 죽음을 미화하여 손님으로 표현하면서 죽음의 손님에게 줄 선물 이야기를 하였다.

"죽음이 그대를 찾아올 때 그대는 죽음의 손님에게 무슨 선물을 바칠 것입니까? … 나는 내게 찾아오는 죽음의 손님을 빈손으로 돌려보내지는 않을 것입니다. 내 생애에 가장 아름답고 빛났던 것을 바구니에 차곡차곡 담아 죽음의 손님 손에 들려 보낼 것입니다."

무엇이 죽음의 손님에게 바칠 가장 아름답고 빛나는
선물이 될까. 재산일까, 명예일까, 권력일까. 또 하나
의 인생 화두話頭가 여기서 만들어진다.

....
생각의 디자인 무심연습

봄이 오면 새잎이 나고 꽃이 피어 산과 들이 겨울의
황량한 모습에서 벗어나 아름다워진다. 새싹이 나고
나뭇잎이 피어 신록이 번지면 사람의 마음도 경치에
취해 푸르러질 때가 많다. 누가 알랴. 자연의 신비가
생각 속에서 이루어진다는 것을. 계절의 정서라는 것
이 결국 사람의 마음에 의해서 느껴지는 것이기 때문
에 봄도, 푸름도, 꽃의 아름다움도 생각을 통해 생기

는 것이다. 『화엄경』에는 화가가 그림을 그리듯이 이 세상 모든 것은 마음이 만들어 놓는 것이라 하였다. 생각이 일어나지 않으면 외계의 사물에 대해 이렇다 저렇다 판단할 수 없으며, 결정을 할 수 없는 것이다. 그런데 이 생각의 판단을 중지하라고 가르치는 법문이 있다. 이른바 무심법문無心法門이다. 외부의 일체 객관경계에 집착하지 않고 구하는 것도 없고, 얻는 것도 없는 것을 무심도인이라 말해 오기도 했다. 이 말의 본래 뜻은 보고 듣는 경계에 무심하여 분별을 일으키지 않는다는 뜻이지만 번뇌를 여읜 즐거움이 있다는 것을 강조하기 위해 쓰는 말이기도 하다. 무심에 무슨 즐거움이 있는가? 즐거움이 있다는 것은 유심이 아닌가? 때론 이렇게 반문할 수도 있겠지만 무심이란 다시 말해 마음에서 집착이 떠나 괴롭지 않은 상태가 되어 편안하고 자유로운 것을 말한다. 무심을 생각이 폐쇄된 상태로 보는 것은 아니다. 새가 나는 것처럼 생각의 흔적이 남지 않는 가장 자유로운 생각이 무심이다. 주관과 객관의 상대적 차별에 의

해 어떤 충동도 일어나지 않고 어떤 충격도 받는 일
이 없는 경지를 무심이라 하는 것이다. 무심이라 하
여 일체 행동거지가 중단되는 것을 말하지 않는다.

어느 선사에게 어떤 스님이 찾아와 물었다.
"발심하여 출가한 것은 부처가 되기 위해서입니다.
어떻게 마음을 써야 부처가 되겠습니까?"
"쓸 수 있는 마음조차 없어야 부처가 되느니라."
"쓸 수 있는 마음조차 없다면 누가 부처가 되는 것입
니까?"
"마음이 없어지면 저절로 부처가 이루어지니 부처 또
한 마음이 없다."
또 어떤 선사에게 찾아온 사람이 물었다.
"선사께서는 어떤 마음을 써서 도를 닦으십니까?"
"노승은 쓸 마음조차 없고 닦을 도도 없소이다."
"쓸 마음조차 없고 닦을 도도 없다면 왜 매일 대중을
모아 놓고 선을 배우고 도를 닦으라고 권하십니까?"
"노승은 송곳 꽂을 땅도 없거늘 어디에다 대중을 모

으며, 노승은 혀가 없거늘 어찌 사람들에게 권할 수
있겠습니까?"
"거짓말을 하고 계십니다."
"혀가 없는 사람이 어떻게 거짓말을 할 수 있겠습니
까?"
"저는 스님의 말씀을 이해하지 못하겠습니다."
"나도 이해하지 못합니다."

무심법문에 관한 이와 같은 대화가 선사들의 어록語
錄 속에 나온다. 또 무심해지면 사통오달, 모든 길로
통해진다 하였고 통해진 길에서 보면 "기러기는 푸른
하늘 높이 점이 되어 날아가고 원숭이는 나뭇가지에
매달려 있다" 하였다.

생각이 복잡하고 마음이 시끄러울 때 어떻게 하면 좋
을까? 세상이 복잡하고 사는 것이 힘들어질 때 어떻
게 하면 좋을까? 누구나 가끔 스스로에게 물어보는
질문이다. 무심을 연습하는 것이다. 무심연습은 내

주관에 들어 있는 지금까지의 나에 대한 생각, 남에
대한 생각의 고정화를 금기시키는 것이다. 다시 말해
지금까지의 고정관념을 깨뜨려 없애 보는 것이다. 그
러기 위해서는 종전의 생각을 반대로 해 봐야 한다.
좋아했던 것을 싫어한다고 생각해 보고, 싫어하던 것
을 좋아한다고도 생각해 보는 것이다. 옳은 것도 틀
렸다고 생각해 보고, 틀린 것도 옳다고 생각해 보아
기존의 생각들을 반대로 생각해 보는 것, 이것이 의
식적으로 하는 무심연습의 시작이다. 이렇게 하면 끝
에 가서 내 주장이 없어질 수 있다. 있어도 관념 속에
고정되지 않는다.

『금강경』에 "머무는 바 없이 마음을 내라應無所住而生其心"
는 말이 설해져 있다. 또 "정해진 법이 없다無有定法"는
말도 있다. 어떤 관념에 구속되어서는 안 된다는 말
이다. 관념에 묶이면 치우친 생각인 변견邊見이 되고
만다.
인생은 생각훈련이다. 이것을 훈습薰習이라고 말한다.

본래의 깨끗한 마음이 나를 훈습하는 것이 있고, 번뇌 망상에 물든 무명이 훈습하는 것이 있다. 이 두 가지 훈습은 향기나 악취와 같은 것이다. 강한 쪽이 약한 쪽을 압도해 버린다. 진여가 훈습하는 힘이 강하면 향을 쌌던 종이가 향냄새를 풍기는 것과 같고 무명훈습이 이기면 생선 썩은 것 같은 악취가 나게 되는 법이다. 사람의 정신세계란 생각이 훈습되어 만들어진다. 내 세계를 진여의 세계로 만들어 가기 위해서는 생각의 디자인을 잘하여 무심연습을 잘해야 한다.

••••

운수運數와 재주

사찰에서 불공을 드리며 기도를 할 때 축원을 올리는 차례가 있다. 보통 목탁을 치면서 『천수경』을 독송하고, 정근을 하고, 마지摩旨를 올린 다음 축원을 하게 된다. 일제 때 찍은 통도사 사진을 본 적이 있다. 일주문에 세로로 쓴 글씨를 달아 놓은 특이한 현판이 붙어 있었는데 위축소爲祝所라 하였다. 축원을 하는 곳이란 뜻으로, 절을 기도하는 곳이라 하여 붙인 것 같았다. 절이 물론 불도를 닦는 수행의 공간이기도 하지만 때로는 기도도량이라는 말도 자주 쓴다.

축원은 여러 가지 부처님께 고하는 다양한 내용이 서술되는 가운데 운수대길運數大吉을 염원하는 고사告辭도 있다. 운수가 크게 길하여 하는 일이 잘 형통되기를 바라는 말이다. 입춘방立春榜을 쓸 때도 첫 구는 주로 입춘대길이라고 쓰는 게 상례다.

길흉화복吉凶禍福이 인간의 운수와 관계된다고 생각한 것은 동양의 역학易學에서부터 나온 이야기라고 한다. 운이 좋으면 일이 잘된다는 것은 일종의 사행심리를 나타내는 말이라고 볼 수 있지만 행복을 원하는 인간의 원형적인 마음이라고 볼 수도 있을 것 같다. 한 해의 운수가 어떤지 옛날에는 설을 쇠고 난 정초에 토정비결土亭秘訣을 보던 시절도 있었다. 재수가 있을는지 재앙은 없을는지 궁금하여 일신의 안녕이 보장되기를 바라는 마음이 간절하였다.

현대에 와서 운수를 믿는 것을 미신을 믿는 것이라

고 생각하는 일부의 사람들도 있겠지만 아이러니컬한 것은 최첨단 과학의 인공위성을 발사할 때 무사히 궤도 진입을 바라는 뜻에서 고사를 지냈던 사례가 있고, 히말라야 산을 등반하는 원정대들이 설산을 오르다가 역시 고사 같은 것을 지내는 것을 보았다. 하긴 사람의 마음속에는 누구나 기원祈願이 있을 것이다. 어떤 초자연적인 힘이 있어 나를 도와주기를 바라고 있는 것이다. 종교의 기도도 이러한 마음을 가지고 어떤 공리적인 현실이익을 도모하고자 하는 의식적인 실천이다. 화를 멀리하고 복을 부른다는 원화소복遠禍召福이나 혹은 복을 맞이하고 액을 물리친다는 영복축액迎福逐厄이 신앙심 속에 잠재해 있어 사적인 기도가 되는 것이다. 물론 죄를 사하거나 업장을 소멸하고자 하는 비공리적인 기도도 있지만 한편 초자연적인 위신력이 내게 미쳐져 현실적 이익이 오기를 바라는 공리적인 기도도 있다.

그런데 인간이 타고 난 재능을 가지고 스스로의 부단한 노력으로 자기 운명을 개척해 성공하는 경우를 입

지적 인물이라고 평하고 인간 승리의 한 모델이라고
간주하는 경우가 있다. 이는 운수 이전에 인간의 노
력 여하에 따라 결과가 나타난다는 과학적 인과법을
말하는 것으로 사람의 능력이 중요하고 우선된다는
지극히 상식적인 이론을 내세워 운수타령 같은 것을
뒷전으로 돌리자는 주장을 하는 경우다. 누구나 수긍
할 수 있는 매우 합리적인 주장처럼 보인다. '운수에
사로잡히지 말고 열심히 노력하여 소기의 목적을 달
성하자'. 평범한 상식인의 지론이다. 그러나 인간 사
회는 묘한 징크스 같은 것이 돌출하는 사례가 있다.
성실하게 열심히 노력하여 뜻하는 바를 이루고자 하
던 사람이 좋은 결과를 맞이하지 못하고 불운한 사람
이 되는 수가 있기 때문이다. 재주와 실력이 결코 남
에게 뒤지지 않음에도 불구하고 현실 이익을 얻는 데
는 항상 남에게 뒤지고 있는 것이다.

중국의 고전에 나오는 설화가 있다.
어느 선비가 과거급제를 목표로 글 공부를 열심히 하

였다. 불철주야 독서에 빠져 열심히 공부를 하고 응시를 하였으나 번번이 낙방을 하였다. 식년제로 실시되던 과거에 무려 7번을 응시하여 죄다 낙방을 한 것이다. 참으로 한탄스러웠다. 왜 이리 운이 없는지 스스로의 불운을 탄식하지 않을 수가 없었다. 더구나 건넛마을에 사는 후배가 있었는데 책을 보다 뜻을 모르면 찾아와 자기에게 묻고 글을 지을 때 운자가 막히면 찾아와 묻고 하더니 이 사람이 낙방을 계속하는 동안에 덜컥 합격을 해 버리는 것이었다. 걷잡을 수 없는 절망감에 사로잡힌 이 선비가 주막에 가 술을 실컷 마시고 취하여 비틀거리며 집으로 돌아와 술주정을 부렸다. 엉엉 울다가 스스로가 노여워 홧김에 보던 책을 찢고 팽개치며 마당에다 던져 버렸다. 그러다 취하여 잠이 든 이 선비는 이상한 꿈을 꾼다. 매우 위엄 있어 뵈는 신인神人이 두 장정을 데리고 자기 집으로 들어와 방 안에 앉더니 이 선비를 호통을 쳐 꾸짖으며 잠에서 깨워 신인 앞에 무릎을 꿇고 앉게 하는 것이었다. 그리고 개다리상에 술병을 놓고 술을

잔에 부어 좌우에 앉아 있는 두 장정에게 번갈아 주면서 마시게 하는 것이었다. 술이 독주였는지 왼쪽에 앉아 있던 장정은 3잔을 받아 마시더니 정신을 잃고 방바닥에 쓰러졌다. 오른쪽에 앉은 장정은 7잔을 받아 마시고 정신을 잃고 쓰러졌다.

이때 신인이 선비에게 물었다.

"잘 보았느냐?"

"예."

"좌우 장정이 받아 마신 잔 수를 말해 보라."

"3잔과 7잔입니다."

"이게 무엇을 뜻하는지 아느냐?"

"모릅니다."

"이게 바로 사람의 재주와 복력의 비율을 말하는 것이니라."

그러면서 신인은 선비에게 네가 낙방한 것이 전생부터 쌓아온 복력이 부족하여 운이 나빠 그렇게 된 것인데 성인의 책을 찢고 팽개치는 짓을 글을 보는 선비가 어떻게 할 수 있느냐 꾸중을 하면서 타이르는 것이었다. 열심히 노력하고 뛰어난 재주가 있어도 불운의 함정에 빠지는 수가 있는 법이라는 말이었다. 신인은 복과 운을 함수관계로 설명하였다. 복행을 닦아 복을 많이 지은 사람에게는 상대적으로 따르는 운이 좋다는 뜻이다. 이와 같은 뜻에서 사람들은 운칠기삼運七技三이라는 숙어熟語를 만들어 냈다. 선비는 신인의 말을 듣고 온 동네를 다니면서 선행을 한다. 길을 고치고 우물 청소를 하며 노인들을 도와주는 일을 하며 이웃 마을의 상가喪家에까지 찾아다니며 일을 도와주었다. 그리하여 복을 지어 드디어 과거 급제를 하게 되었다는 것이다.

이 설화를 생각하면서 한 번은 텔레비전에서 중계하는 프로야구를 시청한 일이 있었다. 투수가 던진 볼을 타자가 쳐 내는 야구 경기의 타율이 일류 선수라야 3할 대를 유지한다는 사실을 알았다. 3할 대의 타율을 유지하는 것도 쉽지 않다는 이야기다. 이렇다면 인생 타율도 결국 3할 대가 아니겠는가? 이것도 운이

받쳐 줄 때 가능한 이야기다. 그렇다면 원초적 가치 의식은 운에서부터 일어나는 것인가? 운 좋은 사람이 좋은 사람이란 결론을 내릴 수 있을 것 같다. 다만 이 운이 도덕적 기준에 입각해 참된 선업이 되는 방향으로 작용을 해 주어야 할 것이다. 다시 말해 재주만 믿고 오만해지는 이기적 욕구보다는 삶의 올바른 가치를 생각하는 지혜로운 관찰과 안목이 필요하다는 것을 깨달아야 한다. 그리고 운이란 것이 꼭 사욕을 채워 주는 것을 두고 좋다고만 할 수 없을 것이다. 왜냐하면 새옹지마塞翁之馬라는 말처럼 한때의 불행이 오히려 더 큰 재앙을 막아 준 행복이었다고 뒤에 가서 판단되는 일이 있기 때문이다.

····

믿음의 손을 달고

사람의 몸에는 두 개의 손이 있다. 오른손과 왼손이
있어 잡고, 던지고, 끌고, 미는 몸의 동작을 구체적
으로 나타낸다. 손놀림을 보고 무엇을 하는가를 판
단하는 경우가 대부분이다. 일을 하는 데 있어서 손
의 역할이 가장 중요하다. 나를 위하고 남을 위하는
일이 손에서 이루어지기 때문이다. 손이 있어야 일
을 할 수 있다. 때로는 손이 하는 일을 보살피는 일이라고 말하기도 한다. 대승불교에서 보살도 실천을 강조하면서 '자비의 손'이라는 말을 즐겨 쓴다. 불·보살들이 다 자비의 손을 가지고 중생들을 보살펴 준다고 말하면서 특별히 관세음보살을 자비를 상징하는 보살로 내세운다. 지혜를 상징하는 문수보살과 행원을 상징하는 보현보살을 포함해 대승의 3대 보살이라 하는데 관음의 자비의 손에 이어 문수의 지혜는 눈이 되고 보현의 행원은 발이라고 말한다. 눈과 손과 발, 겉으로 드러나는 사람의 신체적 활동이 이 세 가지를 통하여 이루어진다.

여럿이 함께 일을 해야 할 때 사람의 수가 모자라면 손이 부족하다 말하기도 한다. 또 손은 몸에 달린 신체의 한 부위지만 이 손을 두고 여러 가지 상징적인 말을 만들어 쓴다. 남을 잘 도와주는 사람을 손이 크다고 하고, 반대로 인색한 사람을 손이 가늘다든가 작다고 한다. 이런 말은 사람의 생활 속에서 손이 가지는 의미를 다양하게 쓰고 있는 말이다.

신체상으로는 두 개밖에 없는 손이지만 사람에게는 마음속에 숨어 있는 제3의 손이 또 있다. 마음에 자비가 나타날 때 생기는 자비의 손이 또 있다는 것이다. 관세음보살이 응현하는 여러 형상 가운데 천수관음千手觀音이 있다. 손이 천 개가 달린 관세음보살을 일컫는 말이다. 원래 이름은 손뿐 아니라 눈도 천 개 있다 하여 "천수천안관세음보살千手千眼觀世音菩薩"인데 줄여서 천수관음이라 부른다. 중생이 있는 모든 세계에 관음의 자비가 미친다는 것을 상징하는 이름이다. 생사의 윤회를 거듭하는 중생의 세계를 때로는 25곳으로 나눠, 이를 이십오유二十五有라 한다. 이 이십오유를 한꺼번에 보살피는 신력이 있고, 좌우의 두 손으로는 교화의 능력 발휘가 부족하여 한 몸의 좌우에 20개의 손이 있다. 또 손바닥에 눈이 있다고 한다. 그리하여 40개의 손과 눈으로 이십오유에 동시에 응현하므로 천수천안千手千眼이라 하는 것이다.

이 천수천안이 상징하는 현대적인 의미는 이 세상은 보살펴야 할 것이 많고 손길 미쳐야 할 곳이 많다는

것이다. 외계의 사물을 보는 감각적인 것을 말하는
게 아니라 내적으로 진정한 내 삶의 보람과 의미의
영역을 확대한다는 뜻이다. 다시 말하면 감각적으로
한정된 구역 안에 머물러 사는 이기적 제한이 아니라
내 마음의 무한한 정신영역을 개발하여 크게 사는 원
력이 확장된 공간을 말하는 것이다.

불교에서는 사람의 마음에 믿음[信]을 갖출 것을 권
한다. 이 믿음이 발심으로 연결된다. 『화엄경』에 이르
기를 "믿음이 도의 근원이요 공덕의 어머니"라 하였
다. 이 믿음은 근본 뜻에서 말하면 도道를 향하는 마
음, 곧 깨달음을 향하는 마음이다. 이 마음이 지혜로
운 마음이 되어 순수한 인간의 이상을 실현하려는 실
천적 의지를 갖게 된다. 내 마음을 순화시키고 안정
시키는 데 있어서 믿음은 매우 중요하다. 뿐만 아니
라 믿음이 갖춰진 사람은 정신적인 활동량이 배가되
는 생활을 하게 된다. 왜냐하면 믿음을 제3의 손이라
하기 때문이다. 『지도론智度論』에는 신수信手라는 말이

나온다. 믿음을 손이라 하여 이 손을 가지고 보배를
주워 모은다 하였다. 말하자면 믿음의 손에 의해 마
음의 부자, 공덕의 부자가 된다는 것이다. 그리하여
믿음을 법재法財라고도 한다. 인생에 있어서 법의 재
산을 갖추는 것이 더욱 중요하다. 아무리 부귀영화를
누리고 산다 하여도 인생에 대한 지혜로운 안목을 갖
춘 덕 있는 법력이 없으면 내 삶 자체가 그만큼 빈약
해질 수밖에 없는 것이다. 법의 재산이 많아야 훌륭한
인품을 소유할 수 있다. 수행의 가치도 여기에 있다.

믿음의 손이 있는 사람은 법의 재산을 모을 수 있고
정신의 빈약을 예방해 자신의 내면을 살찌게 할 수
있다. 사람의 마음을 땅에 비유해 심지心地라 한다. 농
사를 짓는 농토가 옥토가 되어야 작물의 재배가 잘되
고 수확의 양이 많아지는 것처럼 마음의 땅도 옥토가
되어야 한다. 박토가 거름 성분이 많으면 옥토가 되
듯이 내 마음이 믿음의 땅이 되면 인생의 수확이 더
욱 증가될 것은 분명한 사실이다. 인생사 전반을 믿

음의 손을 달고 경영해 볼 일이다.

....

윤회의 점수

요즈음 나는 거처하는 집을 옮겼다. 멀리 이사를 한 것이 아니고 살던 암자에 조그만 집을 하나 새로 지어 그 집으로 입주를 했다. 물론 나는 오래전부터 절을 옮겨 다니며 생활을 하고 있다. 원래 묵고 사는 주소지는 통도사 반야암이지만 2001년부터 10년간은 일주일에 사흘을 경북 영천의 은해사에서 묵었다. 승가대학원의 강의를 맡아 사흘을 은해사에서 지내게 되었던 것이다. 지금은 직지사에 한문불전 대학원이 생겨 일주일에 하루 강의를 맡게 되었고, 매주 수요일에 들어가 일박을 하고 강의한 뒤 돌아온다. 또 매주 금요일에 서울에서도 강의를 맡은 것이 있어 가서 하룻밤을 자고 돌아온다. 월요일은 자진 않고 밤늦게 들어오지만 창원에 가서 학당의 강의로 하루를 보낸다. 주마다 네 곳을 순환하면서 생활하는 셈이다. 나는 오래전부터 가끔 새벽에 잠이 깨었을 때 어둠 속에서 내가 어디서 잤는지 기억하지 못할 때가 있다. 반야암에서 잔 것인가, 은해사에서 잔 것인가, 서울 공부방에서 잔 것인가, 불을 켜기 전에는 확인이 안 될 때가 있었다. 숙소가 자주 바뀌니 어디서 잔 것인지 빨리 판단이 안 된 것이다. 사주에 역마살이 많아서 언제나 돌아다니며 사는 팔자라고 스스로 생각하기도 한다.

삼계여박三界旅泊이라는 말이 있다. 중생들의 생사윤회가 욕계, 색계, 무색계의 세 곳을 여행하면서 잠시 묵

는 것과 같다는 뜻으로 한 말이다. 사람의 일생을 나
그네의 숙박에 비유하기도 한다. 『능엄경』에 생사를
거듭하면서 육도를 오가며 윤회하는 것이 여행을 하
는 나그네가 날이 저물어 어느 여관에 투숙해 하룻밤
을 묵는 것과 같다는 비유가 있다. 윤회 속의 한 생
을 나그네의 여로 중 일박과 같다고 한 것이다. 그러
면서 적어도 악도에 가서 태어나는 일은 없도록 해야
된다 하였다.

옛날 도를 깨친 스님들이 경책하는 뜻으로 남긴 말에
"사람 몸을 잃어버리지 말라莫失人身"라는 말이 있다.
이 말은 다음 생을 두고 한 말이다. 금생에 사람으로
한 생을 산 이가 다음 생에 축생이나 아귀, 지옥에 가
는 일이 없도록 하라고 하였다. 이 말은 매우 엄중한
경고다. 한 생의 종점에서 결정되는 다음 생의 행선
지가 잘못된다면 그야말로 큰일이다.
시간의 진행을 놓고 생각해 볼 때 오늘이 어제가 되
고 내일이 오늘이 된다는 것은 너무나 분명한 사실

이다. 반대로 말하면 어제가 오늘이었던 날이고 오늘
이 내일이었던 날이라는 말이다. 이와 같이 달과 해,
혹은 생을 가지고 말할 때도 마찬가지다. 금생이 전
생이 되는 것이고, 내생이 현생이 되는 것이다. 고대
희랍의 철학자 헤라클레이토스가 "만물萬物은 유전流
轉한다"라고 말한 것처럼 어떤 현상도 고정불변하지
않는다. 이 말은 불교의 『열반경』에 나오는 "모든 현
상은 무상無常하여 생겼다가 소멸되는 법諸行無常是生滅法
이다"라는 말과 같은 뜻이다.

그런데 세세생생 윤회가 되풀이되는 속에서 선업善業
을 유지하여 선도善道를 지키기가 참 어렵다 한다. 가
령 100번의 생을 받아 태어나는 가운데 인도人道에 있
던 사람이 계속 사람 몸을 받아 태어날 수 있는 것
이 쉬운 일이 아니란 말이다. 한 인간이 다시 인도에
서 사람 몸으로 태어날 확률은 얼마나 될까? 과학적
으로 증명될 수 있다고 말할 수는 없겠지만 불교의
업이론業理論으로 말할 때는 대부분의 사람이 낙제점

을 받기가 일쑤다. 다시 말하자면 100번의 생 가운데 사람 몸을 받는 횟수가 50번이 되기가 어렵다는 것이다. 학교에서 공부하는 학생들이 시험을 치러 성적이 점수로 환산되어 나올 때 보통 과목당 100점 만점에 기준하여 각자의 시험 점수가 나온다. 이때 50점 미만이 되면 결코 좋은 성적이라 할 수 없듯이 100번의 생 가운데 사람 몸을 받는 생이 50번이 안 된다면 나머지 생은 어떤 몸을 받는다는 것일까? 주로 악도惡道로 가게 된다는 것이다. 인간세상보다 못한 세상인 축생이나 아귀, 지옥으로 가는 수가 많다. 이런 결과를 놓고 말할 때 인간세상에서 지은 사람의 업종자業種子가 때로는 축생의 종자나 아귀의 종자가 된다고 할 수 있다. 따라서 사람이 세세생생 사람 몸을 계속해 받으려면 선업이 악업을 이겨 우성의 법칙이 나타나야 한다. 결국 인간세상에서 사람이 잘못하면 다음 생에 사람 몸을 받지 못하고 악도에 가 전생의 몸을 잃어버리게 되니 이것을 주의하라는 것이다. 인간으로 태어날 수 있는 윤회의 점수가 높아야 한다는 것이다.

인간을 만물의 영장靈長이라 말해 온 것처럼 인간은 생
명체 가운데서 가장 높은 가치를 가지는 존재다. 수많
은 생명체 가운데 목숨을 선택할 수 있다고 한다면 당
연히 사람 목숨을 택하지 않겠는가? 코끼리가 아무리
호강을 누리고, 준마駿馬가 아무리 날씬한 몸매로 바람
처럼 달리는 속력을 가졌다 해도 사람 몸하고는 바꿀
수 없는 것이다. 업의 세계에는 사람이 결코 사람의
영역을 벗어나서는 안 된다는 철칙이 있다.

....

태양은 밤낮이 없다

한 해가 저무는 연말이 되면 마음속에 아쉬운 생각들이 일어나기도 하고 한편으로 막연하지만 새해에는 무슨 좋은 일이라도 하나 있을까 하는 기대가 생기며 공연히 가슴 한구석에 희망의 샘이 솟아나는 것 같기도 하다. 세월이 가고 오는 것이 결국은 무상을 알려주는 신호에 불과하지만 사람의 회포는 언제나 무상을 느끼면서 일어나는 것인가 보다. 연말연시를 즈음

하여 송구영신送舊迎新의 감회를 가지고 이것저것 생각
하다 보니 하루 내내 가만히 있으면서도 떠도는 유랑
객의 객수 같은 것이 느껴져 온다.

중국 당나라 때 일곱 임금의 국사國師가 되었던 청량
국사淸凉國師는 『화엄경소』의 서문을 쓰면서 첫 구절에
이렇게 말했다.
"가고 오는 것이 짬이 없지만 움직이고 고요한 것이
근원은 하나이다往復無際 動靜一源."
이 말은 오고 가는 세월이 오고 가는 것이 없는 데서
오고 간다는 말이다. 법성法性의 이치에서 하는 참으
로 심오한 말이다.

지구의 시간은 태양력에 의하여 해가 결정되고, 달이
결정된다. 날짜와 시간도 마찬가지다. 낮과 밤이 교
차하는 것도 태양의 빛에 의해서다. 지구에서는 계절
이 있지만 태양에서도 계절과 시간이 있을까? 태양
에서는 계절과 시간이 없다. 계절과 시간을 결정지어

주는 태양에서는 사시도 없고, 일 년도 없고, 열두 달이 없으며, 밤과 낮도 없다. 그저 빛을 발하는 발광체로서 불덩어리로 있을 뿐이다. 일력의 원점에서는 이렇듯 시간의 변화가 없는 것이다.

또 한편 사람이 시간을 의식하면서 오늘이 며칠이며 지금이 몇 시냐고 묻는 현재의 기준에서 보면 이미 지나간 과거가 있고, 아직 다가오지 않은 미래가 엄연히 있는 것으로 알지만 생각이 정지된 깊은 선정禪定에 들어서 보면 가는 것도 없고, 오는 것도 없고, 머무는 것도 없다 하였다. 그야말로 한 생각이 만년一念萬年이 되는 영원한 현재이다. 비유하여 말하면 사람이 잠을 잘 때 잠 속에서는 시간이 의식되지 않기 때문에 과거와 미래의 구분이 없는 것과 같다. 몇 시간을 숙면을 취했다 하더라도 잠 속에서는 처음 잠들었을 때의 시간과 깨어나기 직전의 시간 사이에 선후가 없다는 말이다.

이 세상의 세속경계는 모두가 인간의 의식에 의해서

220

생겼다 없어지는 생멸경계라 한다. 이 생멸경계에서
는 생각이 일어나서 수없는 인연이 만들어진다. 천
이 짜이듯이 시간과 공간이 교직되면서 수없는 인연
이 만들어지는 것이다. 그래서 세월을 따라가고 장소
를 따라가는 중생의 삶이 있다. 중생의 삶은 모두가
인연이 얽혀야 이루어진다. 시공을 통해서 관찰해 볼
때 사람의 생활 자체가 베틀에 올라 앉아 베를 짜는
일이다. 매일의 일상 속에서 이 일 저 일을 하는 것이
방직공장의 기계가 돌아가는 것과 같다.

새해를 맞이하여 새로운 소망이 영글기를 바라며 우
리가 하는 일에 다시 정성을 모아 보자. 설사 내가 하
는 일이 만족스러운 결과가 되지 않고, 때로는 실망
스러운 결과가 오더라도 차라리 조건 없이 한 세월
살았다고 자위할 수도 있다. 수도자의 생활에서는 무
심을 강조한다. 외부에 나타나는 객관적인 조건에 마
음이 지배당하지 않아야 한다고 한다. 그저 무심히
세상을 평등하게 보고 살라고 한다. 중생의 분별세계

에서는 이것이냐 저것이냐 선택의 갈등과 비시를 따지는 사견이 난무한다. 이것을 번뇌라 하고 망상이라 한다. 또한 이것을 무명無明, 곧 어둠이라고 한다. 말하자면 마음이 캄캄한 밤과 같은 어둠이 꽉 차 있다는 뜻이다.

부처의 세계는 이와 반대다. 언제나 밝은 광명이 충만해 있다. 마치 태양과 같다. 불일佛日이라는 말이 실제로 경전에 나온다. 사람은 아무리 자신이 처한 환경이 불우하다 해도 마음을 밝게 가지고 살 수 있다. 새가 나뭇가지 위에서 즐겁게 지저귀고 다람쥐가 숲 속에서 도토리를 기분 좋게 까먹는 것을 보았다. 만물의 영장인 사람이 어찌 지저귀는 새나 도토리를 까먹는 다람쥐보다 사는 것이 못하겠는가? 하루하루가 좋은 날이고, 달마다 좋은 달이고, 해마다 좋은 해로 살아가려면 노래하는 새처럼, 도토리 먹는 다람쥐처럼 밝고 기분 좋은 마음을 만들어 살아야 한다.

••••

꽃을 피우는 마음

둥그런 깨달음의 산속에 나무 한 그루가 있는데 하늘과 땅이 생기기 전에 이미 꽃이 피어 있다 하였다. 푸르지도 빨갛지도 않는 아무 색깔 없는 꽃. 봄바람이 불지 않아도 계절에 상관없이 핀다는 이 꽃이 무슨 꽃인가? 땅에 심어져 있는 식물의 꽃을 두고 말한 것이 아니다. 바로 사람의 마음에 있는 꽃이다. 불교에서는 사람의 마음을 꽃에 비유하여 착한 행위를 하는 것이나 보살행을 닦는 것을 꽃을 피우는 일이라 한다. 『화엄경華嚴經』의 "화엄"이라는 말은 보살이 온갖 바라밀다행을 실천하는 것을 꽃에 비유하여 이 보살 만행의 꽃으로 깨달음의 길을 꾸며 놓는다는 뜻이다. 또 "심화돈발心花頓發"이라는 사자성어도 마음의 꽃을 빨리 피운다는 뜻이다. 꽃은 아름다움을 상징하는 명사다. 꽃이 핀다는 것은 아름답고 찬란한 가치를 지닌 것이 나타나 감동을 준다는 뜻이다. 정서적인 기쁨과 평화로움이 꽃을 통하여 느껴져 내 자신의 존재 의미가 새로워지는 순간을 맛보는 것이 인생에 있어서 필요하다.

가끔 우리는 어떤 사람이 인간 승리를 거두었다는 감동적인 이야기를 전해 들을 때가 있다. 온갖 역경을 참아 가며 굴곡진 인생을 살아온 사람이 보통 사람들은 해 내기 어려운 일에 성공하고, 또 좋은 일을 하여 주위에 훈훈한 향기를 풍겨 준 이야기가 알려지는 사례들이 있다. 이러한 경우가 마음의 꽃을 피운 이야기라고 할 수 있다.

마음! 사람의 마음은 꽃이 되기도 하고, 독버섯이 되기도 한다. 마음에 좋은 뜻을 가지고 있으면 선업善業이 지어지고, 나쁜 생각을 가지고 있으면 악업惡業이 지어진다. 마음에 어떤 생각이 일어나 그 생각이 행동을 일으킬 결심이 서면 신업이 지어지고 구업이 지어져 이 업이 습관을 만들고 그 사람의 성격까지 결정한다. 그러니까 사람은 생각이 어떻게 일어나느냐에 따라 행동, 습관, 성격, 나아가서는 운명이 결정되는 것이라 할 수 있다. 따라서 마음에 항상 좋은 생각이 일어나야 하고, 나쁜 생각이 일어나지 않도록 해야 한다. 불경 가운데 가장 많이 읽히는 『금강경金剛經』에는 "항복기심降伏其心"이라는 말이 나온다. 마음을 항복시키라는 말이다. 허망한 마음, 곧 관념적 고집을 가지고 상을 내어 이기적 처신을 하려는 마음을 굴복시켜 사전에 악업이 지어질 일을 예방하라는 말이다. 그런가 하면 『화엄경』에는 "선용기심善用其心"이라는 말이 나온다. 마음을 잘 쓰라는 이 말은 인생에 있어서 가장 중요한 것은 순수한 마음이므로 진실한 마음을

쓰고 살아야 한다는 것, 부처의 성품인 불성佛性이 갖
추어진 본래의 마음, 청정한 그 마음으로 세상을 살
아가라는 뜻이다. 그러니까 항복시켜 일어나지 않도
록 해야 할 마음이 있고, 진실을 드러내 실천해야 할
마음이 있다는 말이다.

인생과 세상의 근본 대의가 마음이다. 다시 말해 마
음에 의한 인생이고, 마음에 의한 세상이라는 말
이다. 불교의 종지가 바로 이것이다. 그리하여 "모든
것은 마음이 만들어 내니 마음 밖에 달리 법이 없다一
切唯心造 心外無別法"하였다. 인연으로 살아가는 인생사에
있어서 좋은 인연을 맺기 위해서는 좋은 방향으로 마
음을 써 가며 살아야 한다.

『법구비유경』에는 이런 이야기가 나온다.
어느 날 석가모니 부처님이 제자들과 함께 길을 가고
있었다. 도중에 부처님은 길가에 버려진 휴지 조각을
보고 저 종이가 무엇에 썼던 것이냐고 묻는다. 이때
한 비구가 휴지를 주워 코에 냄새를 맡아 보니 향냄

새가 났다. 비구는 부처님께 "향을 쌌던 종이입니다. 향냄새가 납니다." 하고 말했다. 이 말을 들은 부처님은 잠자코 길을 더 갔다. 이번에는 길가에 새끼 토막이 하나 떨어져 있었다. 아까처럼 부처님은 또 물었다. 저 새끼 토막은 무엇에 썼던 것일까? 비구는 또 새끼 토막을 주워 냄새를 맡았다. 썩은 생선 비린내가 났다. 비구는 말했다. "상한 생선을 묶었던 새끼 토막입니다. 썩은 비린내가 나고 있습니다."

이때 부처님은 잠시 걸음을 멈추고 비구들에게 말했다.

"마음을 잘 쓰고 사는 사람은 향을 쌌던 종이가 향냄새를 풍기듯 마음의 향기를 풍기고, 마음을 잘못 쓰는 사람은 썩은 비린내가 나는 새끼 토막처럼 마음에서 악취가 나게 될 것이다."

이리하여 "향을 쌌던 종이가 향냄새를 풍긴다"라는 말이 불교의 유명한 격언格言이 되었다.

....
눈병 난 사람에겐
허공 꽃空華이 보인다

사람에게는 정상적인 신체의 기능이 있다. 키에 따라 몸무게의 표준이 있는 것처럼 신체적 활동량에도 일정한 활동지수가 있다고 한다. 그런데 건강에 이상이 생겼을 때는 이 지수가 감소되어 제 능력을 발휘할 수 없게 된다. 물리적 현상에서 이러한 결과가 뚜렷하게 나타나듯이 정신적 작용에서도 이 현상은 뚜렷하다고 한다. '건강한 신체에 건강한 마음sound body sound mind'이 인생 최고의 재산이지만 이 최고의 재산을 누리고 살기가 힘든 것이 중생이다.

불교의 경전에서는 중생의 번뇌와 망상을 마음의 병으로 취급한다. 어리석은 미혹에서 일어나는 탐욕과 성냄을 깨닫지 못한 상태에서 야기되는 건강하지 못한 정신으로 간주한다는 말이다. 이를 과거 숙생으로부터 지어 내려온 업의 좋지 못한 잔재가 남아 있는 업병業病이라고 한다. 그릇된 행위가 반복되어 나쁜 습관이 만들어진 것과 같이 각자의 마음속에 숨어 있는 업의 기운이 형성되어 이것이 사람마다 다르다는 것이다.

『원각경圓覺經』에는 허공 꽃[空華] 이야기가 많이 나온다. 허공 꽃이란 눈병 난 사람이 허공을 바라볼 적에 아물아물 하는 헛것이 보이는 것을 말한다. 건강한 눈에는 보이지 않는데 병든 눈에는 이것이 보인다. 이것이 바로 무명의 정체라고 경에서는 밝히고 있다.

"어떤 것이 무명인가 하면 선남자여, 일체 중생들이

끝없는 옛적부터 갖가지로 뒤바뀌져 있는 것이 마치 방향을 모르는 사람이 동·서·남·북을 구별하지 못하는 것과 같다. 지地·수水·화火·풍風 사대四大로 이루어진 몸뚱이를 '나'라고만 생각하고 눈·귀·코·혀·몸·뜻의 육근六根이 상대하는 경계인 색깔·소리·냄새·맛·촉감·기억되어지는 생각의 그림자를 마음이라 하느니라.

비유하면 병이 난 눈에 허공 꽃이나 또 하나의 달이 생겨 달이 두 개로 보이는 것과 같으니라. 허공에는 실제로 꽃이 없거늘 눈병 난 이가 허망하게 꽃이 보인다고 생각한다. 이 허망한 생각 때문에 허공의 본성을 잘못 알 뿐만 아니라 실제의 꽃이 나오는 자리까지도 모르게 되니 이런 까닭에 생사에 헤매게 되니 이래서 무명이라 하느니라."

「문수장」에 나오는 무명의 정체를 설명하는 대목이다. 경에서는 이 무명을 끊으면 부처가 된다 하였다. 이 경전의 이야기는 불교의 본령에 대한 이치를 밝힌 말이지만 현대인들을 경책하고 시사示唆해 주는 바가 큰, 의미 있는 이야기이기도 하다.

인생을 일생 내내 허깨비놀음으로만 살아갈 수 없는 절박한 자기 문제의 자각의식을 일깨우는 이야기이다. 사실 일상의 사소한 생활경계에서도 얼마나 엉뚱한 착각으로 허공 꽃을 보는 것처럼 어이없는 생각에 스스로 빠지는 수가 많은가? 몸과 마음이 정상적 지수를 유지하지 못하고 육체적으로 비정상 행동이 일어나고 정신적으로도 이해할 수 없는 생각을 담고 사는 수도 허다하다.

허황한 망상으로 부질없는 집착을 가지고 엉뚱한 추구를 하다 스스로 괴로워지면서 남을 괴롭히기도 한다. 잘못된 인생관에 의해 물속에 있는 달을 건지려고 강물에 뛰어드는 것과 진배가 없는 행동을 예사로 자행하기도 한다. 그런가 하면 소박하지 않은 허영으로 제 자신을 치장하려 하는 사람들도 있다. 이 모두 눈병 난 눈으로 허공 꽃을 보는 현상이 아닐 수 없다.

당나라 때 남양 혜충南陽慧忠, ?-775 선사가 황제 헌종을 만난 적이 있었다. 황제가 선사에게 왕의 권위를 내세우며 고압적으로 말을 걸면서 질문을 하였다. 이때 선사가 한눈을 팔면서 왕에게 눈길도 주지 않았다. 왕이 불쾌해 하면서 말했다.

"나는 이 나라의 황제이거늘 감히 나를 무시하는가?" 이때 혜충이 이렇게 되물었다.

"황제께서는 허공을 보십니까?"

황제가 본다고 하자 다시,

"허공이 황제에게 고개를 돌립니까?" 하고 묻는다. 황제의 권위를 너무 내세우는 임금에게 허공처럼 텅 비어 움직이지 않는 마음이 있다는 것을 일깨워 준 이야기이다.

사람은 때로 비워진 마음으로 돌아가 있어야 한다. 비워진 마음에는 허공 꽃이 보이지 않는다. 허욕과 과대망상이 일어날 수 없는 것이다.

『화엄경』에도 이렇게 말했다.

"만약에 부처님 세계를 알려고 하거든 마음을 비워 허공처럼 되어라. 허망한 생각과 존재의 자취마저 없어지면 마음이 어디에도 걸리지 않으리라."

....
꽃에서 푸대접하거든
잎에서나 자고 가자

"나비야 청산 가자

범나비 너도 가자

가다가 저물거든 꽃에서 자고 가자

꽃에서 푸대접하거든 잎에서나 자고 가자"

민요처럼 전해지는 옛 시조가사이다. 우리는 스스로
를 타이르고 달래 가면서 자기의 길을 꾸준히 가야

하는 존재다.

세상은 누구나 바라보기만 하여도 느낌이 오는 법이
다. 마치 하늘을 바라볼 때 쾌청하거나 구름이 끼었
거나 비가 오는 등의 일기 변화에 따라서 사람의 느
낌이 다른 것처럼 시절 따라, 장소 따라 감상은 물처
럼 흘러간다. 이렇게 감상적 느낌이 나를 편하게 하
는가 하면 불안하게 하고 괴롭게 하는 경계의 위순違
順을 통해서 내 삶의 애환이 점철되는 것이다.

하지만 이 우여곡절 많은 세상을 우리는 스스로 자위
하고 살아야 한다. 남에게 위안 받으려 하지 말고 스
스로 위안하고 살아가야 한다. 바꾸어 말하면 내가
나를 달래고 타이르면서 살아가야 한다는 것이다.

꿈이 이루어지지 않는다고 하여 좌절할 필요는 없다.
슬프다고 하여 인생을 염세적으로 비관할 필요도 없
고, 화가 난다고 하여 노발대발할 필요도 없다.

세상을 어떻게 살아야 하는가?

아무렇지도 않은 듯 살아야 한다. 무심하게 살아야
하는 법이다.
슬플 때는 눈물 한 방울 흘리고 나면 그뿐이다.
힘들 때 한숨 한 번 쉬고 나면 그뿐이다.
세상은 끝내 아무렇지도 않은 듯 사는 것이다. 사실 욕
망에 들뜨지 않을 때 실제로 세상은 아무렇지도 않다.

본래 우리에게는 욕망이 없었다고 부처님은 가르쳐
주셨다. 본래 우리는 살고 싶어 하지도 않았고, 죽고
싶어 하지도 않았다. 업에 매여 구속되다 보니 살려
고 발버둥치고 죽으려고 환장하는 짓도 하는 것이다.
자포자기해 스스로의 목숨을 끊기도 하는 것이다.

"살려 하지 마시오! 또한 죽으려 하지 마시오!"
어느 날 원효 스님은 이렇게 외친 적이 있다. '생사를
벗어나 살아도 살지 않고, 죽어도 죽지 않는다'라는
뜻으로 한 말이다. 이것이 바로 진정한 삶이다.

••••
사유의 정물화

내가 어렸을 적 초등학교 다닐 때 미술수업을 하던 어느 시간이었다. 선생님이 사과 한 개를 가져와 교탁 위에 올려놓고 그것을 그려 보라고 했다. 그러면서 그렇게 가만히 놓여 있는 사과 같은 것을 그린 그림을 정물화라고 설명해 주었다. 이때의 기억으로 인해 나는 그림 가운데 정물화를 제일 먼저 이해하게 되었다. 정물이라는 말은 움직이지 않고 고요히 놓여 있는 물건을 뜻하는 말일 것이다. 자칫 활력이 없는 무생물을 뜻하는 말로 인식되어 부정적인 이미지를 느끼게 할는지도 모르지만, 고요한 본래 모습 혹은 본래 상태를 뜻하는 말이므로, 나는 이 말을 매우 좋아한다. 또한 불교의 교의에 나오는 여러 가지 말 중 열반을 뜻하는 적정 혹은 적멸이라는 말도 결국은 정물과 같은 개념을 지니고 있다. 『법화경』 사구게에 "모든 법은 본래부터 고요한 모습일 뿐이다諸法從本來 常自寂滅相"라고 했다.

고요하다는 것은 단순히 움직이지 않는다는 무동작을 뜻하는 말로만 이해되는 것은 아니다. 변하지 않는 어떤 한결같은 상태가 유지되고 있음을 뜻하기도 한다. 조변석개하는 오늘날의 세태를 두고 생각해 보면, 정물처럼 언제나 그 자리에 남아 변하지 않는 옛 모습을 보여 주는 그 무엇이 한없이 그립기도 하다. 물론 제행무상이라고 했듯이 모든 것은 덧없이 변해 가기 마련이다. 생멸의 인연 속에서 일어나는 중생계의 일이란 시작이 있으면 끝이 있고, 동쪽이 있으면

서쪽이 있기 때문에, 시간적이고 공간적인 상황변동
이 항상 일어난다. 더구나 역사가 흐르면 그만큼 시
간적 진행이 있어, 어제의 시간이 오늘이 아니듯이
오늘의 상황이 어제와는 다르다.

그러나 이러한 상황변화 속에 아이러니컬하게도 사
람은 옛것을 잃어버린 슬픔과 변해 버렸는데도 변
하지 않았을 적의 향수를 가지고 있는 경우가 너무
나 많이 있다. 예를 들면 가난 속에서 고생하며 살다
가 이제는 부유해져 형편이 좋아진 사람들도 마음 한
구석에 옛날의 가난했던 시절에 대한 향수가 남는 법
이다. 그것은 마치 사랑하다 헤어진 사람이 사랑했던
시절의 그리움을 갖고 있는 것과 같다.

사람은 보통 미래에 대한 꿈이 자기의 모습이 변해
이루어질 것이라는 동경을 가진다. 그러면서도 과거
에 대한 잊지 못할 아름다운 사연이 그대로 변하지
않고 남기를 바란다. 어쩌면 인간의 양면성이라고 할
수 있는 이러한 것은 인간의 환경이 상대적으로 나타

나기 때문에 생기는 현상이라 할 수 있다. 무슨 말이냐 하면 A라는 상황을 누구나 천편일률적으로 다 좋아하는 것은 아니다. 싫어하는 사람도 있는데, 그들은 A가 아닌 B를 원한다. 역사는 언제나 변증법적인 논리를 타고 흐른다. A를 주장하는 시절이 있는가 하면 어느 때에 가서는 A를 반대한다. 소위 개혁이라는 것도 이러한 변증법적인 정반합의 논리에 의해 시도된다.

그래서 한 시대의 이슈가 되어 많은 사람들을 공감시키고자 하는 어떤 문제의식도 그것에 의한 부작용이 따른다. 문제는 사회란 언제나 주장하는 쪽과 반대하는 쪽이 공존해야 하며 이 공존의 공간을 보존하는 자체가 새로운 이념을 주장해 내세우는 것보다 본질적으로 더 우선되어야 한다는 점이다. 인간은 서로 상반된 견해 때문에 적이 될 수는 없다. 편이 다르다고 해서, 즉 내 편이 아니라고 해서 적이 아니란 말이다. 종교가 다르다고 해서 적이 될 수는 없는 것이고, 정당이 다르다고 해서 적이 되는 것은 아니다. 좀

더 넓은 면에서 보면 같은 종교인이고 같은 정치인
이다.

무엇보다도 사람은 자기 생각을 정화시키고 살아야
한다. 선동적 구호만 외치는 것이 능사가 아니다. 진
실한 뜻을 가진 사람일수록 자기 생각, 곧 자기 사유
에 대한 정물화가 필요하다. 지조 없이 변절하는 변
덕스러운 성격을 가진 사람은 자기 사유에 대한 정물
화가 부족하기 때문이다. 자기 생각을 고요히 객관화
시켜서, 탁자 위에 올려놓은 사과를 그리듯이 자기
생각을 반성해 보고 관조해 보는 사고의 여유를 가
져야 한다. 누가 더 진지한 생각으로 사유의 공간을
넓혀 전체를 조화시켜 나갈 것인가는 지도자의 안목
을 높이는 탁견이다. 이제 가을과 함께 사색의 날개
를 펴고 어디론가 날아가 보고 싶은 때이다. 그런 가
운데 연말의 대선이 우리 사회를 선거 바람을 일으켜
한바탕 회오리가 일는지도 모른다. 이럴 때 '맑은 물
은 고요히 흐른다'라는 말처럼 고요한 생각으로 맑은

향기를 싣고 오는 미풍 같은 바람을 쐬고 싶다. 회오
리는 노$_{no}$다.

····

믿음의 길

하루해가 지고 나면 조용히 그날 하루의 일을 생각해
본다. 이런저런 일의 치다꺼리, 심신에 누적된 피로
감, 공연히 심기 불편했던 누구와의 언짢은 후유증,
이런 것들로 인해 무언가 마음에 만족치 못하고 꺼림
칙한 여운이 남는 날들이 허다하다.

우리들 일상생활의 경계에서 뜻에 어긋난 결과 때문
에, 어떤 때는 머리를 쥐어박기도 하고 어떤 때는 통

곡이라도 하고 싶은 심정이 될 때가 있다. 애초의 의도대로 하고자 하던 마음이 어느새 변해 스스로를 배반해 버린 결과가 남을 때, 차라리 내 자신 내부의 갈등은 남으로부터 느닷없는 따귀를 맞은 것보다 더 자신을 아프게 자책하게 될 때가 있다.

사람의 기분이란 원리원칙 없이 즉흥적으로 일어나는 것이기 때문에, 기분에 쏠리다 보면 곧 후회를 가져오는 난감한 상황을 초래하기도 한다. 사람은 뜻을 살려 생활하긴 어렵지만 기분에 따라 행동하기는 쉽다. 자기의 도덕적 기준은 반드시 뜻을 살려 가는 생활의 의미 파악에서 살아난다. 자기의 주체의식의 중심은 믿는 힘이 있어야 잡히게 된다. 믿음의 대상이 무엇인가 생각하기보다도 우선은 믿고자 하는 마음, 신념이 앞서 갖추어져야 하는 것이다.

믿는 마음이 되는 것은 자기를 정리하고 다스리는 수양의 첩경이다. 세상에는 믿으려고 하나 믿지 못하는 사람이 있으며, 아예 믿으려는 마음조차 내지 못하고 즉흥적 감정의 유동에 따라 성격의 발산을 소모적인 행동으로 연결시키는 사람들이 많이 있다.

한 사람이 갖는 인격의 무게는 그 사람이 얼마나 믿음의 중량을 소유하고 있느냐와 관계가 있다. 인간과 인간이 믿음을 주고받을 때 사랑이 이루어지고 호혜의 은혜 속에 함께 들어갈 수가 있다. 그러나 인간의 취약점은, 남에게 거짓말은 쉽게 할 수 있지만 믿음을 주기는 참으로 어렵다는 것이다.

종교적 신앙생활을 하는 사람은 믿음의 힘을 가지고 세상을 바라본다. 약삭빠른 눈치나 병든 지식으로 겉으로만 논란하는 언변으로 세상을 살려고 하지 않는다. 정신 공간에 믿음의 향을 피우며 생활구조의 질서를 바르게 잡아가는 것, 이것이 바로 삶의 질을 높이는 자기 창조의 생활이다. 사람의 행복은 불안의 심리에서 해방될 때 느껴진다. 자기를 못 믿고, 남을 못 믿고, 세상을 믿지 못하는 사람은 기실 자기 삶의 행복을 빼앗겨 버린 사람이라 할 수 있다. 상실된 가슴, 비어 버린 가슴으로 생의 비애를 느끼며 고독을

안고 몸부림치는 비극적 모델이 되어가는 사람을 구
제하기 위해서 성인으로 하여금 믿음의 약을 시여해
준 것이 종교다.

그러나 아무리 종교의 믿음이 강하다 할지라도 인간
성을 성숙시키지 못하는 맹신은 금물이다. 믿음이란
내 자신의 인간성을 풍부하게 키우는 것이며 공덕을
성취하는 바탕인 것이다. 사람은 누구나 자기 내면의
영혼의 목소리에 귀를 기울일 줄 알아야 한다. 가장
순수한 이미지를 우리 모두 가지고 있으면서도 그것
을 곧잘 혼탁하게 만들어 버린다.

휘영청 달이 밝은 밤, 삼라만상이 정묵 속에 가라앉
을 때 잠시 잠에서 깨어 일어나 창가에 몸을 기대고
달빛 젖은 명상에 잠겨 보라. 신을 신고 나와 뜰에 내
려서서 하늘에 떠 있는 달을 보고 무언가 이야기를
주고받아 보라. 지극히 순백해지는 심성의 감상을 느
낄 수 있으리라.

사람은 때로는 자기의 가슴속에 흐르는 맑은 샘물 소

리를 들을 수 있어야 한다. 그 소리를 듣고 우리는 영
혼과의 대화를 나누게 된다. 그리고 또 거기서 바로
자기를 믿고, 자기를 사랑할 수 있으며, 나를 사랑할
때 남을 사랑할 수 있는 것이다.

세상은 지리적 공간 활동보다 중요한 정신적 공간 활
동이 있다. 물질보다 큰 것이 정신이요, 모든 문화가
정신에 의하여 이루어진다. 정신은 곧 믿음의 산실이
며, 믿음은 곧 인간의 향기이다. 믿음을 만드는 자가
복을 짓는 자이며, 믿음을 갖춘 자라야 생의 의미를
승화시킬 수 있다.

언제까지나 우리를 영원케 하는 것은 믿음 속에 만나
는 인연공덕일 뿐이다.

••••

산창山窓에 매화가 필 때

설을 쇠고 나니 겨울잠에 들었던 산이 기지개를 펴고 있는 것 같다. 봄기운이 서서히 골짜기를 타고 올라가고 있는 것 같고, 양지에는 벌써 아지랑이가 피어오를 것 같다. 올해는 설날이 우수雨水였다. 눈이 비로 변하고 얼음이 녹아 물이 되는 날이라는 뜻이다. 절기에 따라 자연이 조금씩 달라지는 것을 산에서 가장 민감하게 느낄 수 있다. 2월도 하순으로 접어드니

며칠 영상의 날씨가 계속된다. 아직 꽃샘추위가 남아 있을 테지만 올해는 음력설이 늦어 별로 춥지 않았다. 어제는 보슬보슬 봄비로 여길 수 있는 비가 내렸다.

봄은 누구에게나 기다려지는 계절이다. 기다림이란 하나의 희망이다. 사람들은 봄을 기다리면서 가슴속에 희망을 품고 있을 것이다. 산천이나 대지에 지심을 뚫는 기척이 나고, 싹을 내밀 준비를 하는 땅속의 풀뿌리들에게도 봄은 분명히 희망일 것이다. 일 년 사계가 규칙적으로 순환하지만 봄이 희망으로 자리를 잡는 것은 겨울의 추위 때문이 아닐까. 혹한에 시달리며 인고를 겪는 만물의 겨울 사정 때문에 고진감래苦盡甘來의 의미로 봄이 희망이 되는 것 같다.

봄이 오는 소식을 화신花信이라 한다. 꽃이 핀 것을 알리는 소식이란 뜻인데 겨울이 채 가기 전에 화신을 전하는 봄의 전령사傳令使가 있다. 예로부터 선비의 지조를 상징하는 꽃으로 여기고 있는 매화가 그것이다.

바야흐로 매화의 계절이 시작되는 것 같다. 도량 가에 여기저기 심어 놓은 매화 가지에 꽃망울이 터지기 시작하고 있다. 꽃망울이 촘촘히 맺혀 있는 홍매와 청매, 그리고 백매가 햇볕 많이 받는 가지부터 부풀어 터지기 시작한다. 계곡을 끼고 있는 암자라 큰절보다 조금 늦기는 하지만 하루를 지날 때마다 꽃잎을 활짝 열어 놓은 것이 하나씩 하나씩 늘어나고 있다. 나무 전체가 만개가 되려면 아직 멀었지만 어떤 가지에는 이미 활짝 핀 것들이 향기를 내뿜고 있다. 포행을 하면서 매화 가지로 다가가 꽃향기를 마셔 보면 마음도 따라서 향긋해지고 즐거워진다. 청아한 기품이 매화 꽃향기를 통해 내 마음에 전해지는 것 같기도 하다.

꽃의 종류가 수없이 많지만 동양에서는 특별히 몇 가지 꽃을 선호하여 군자에 비유해 왔다. 그 가운데 매화가 으뜸이었다. 물론 난蘭도 있고, 국화菊花도 있고, 연꽃[蓮花]도 있지만 추위 속에 가장 먼저 피는 매화를 제일의 군자로 여겼던 것이다. 특히 역대 문인 명사 중에 매화를 좋아한 사람이 가장 많았다. 매화를 너무나 좋아했던 퇴계_{退溪} 이황_{李滉}은 매화에 관한 시 104편을 엮어 『매화시첩_{梅花試帖}』을 냈으며, 한강_{寒岡} 정구_{鄭逑}는 집 주위에 매화를 100그루나 심어 놓고 거처하는 집을 백매원_{百梅園}이라 불렀다. 또 중국의 임포_{林浦}는 서호_{西湖} 가운데 있는 고산_{孤山}이란 섬에 들어가 은둔 생활을 하면서 매화를 심고 학을 기르며 살았다. "매처학자_{梅妻鶴子}"란 말이 그때 생겼다. 매화를 아내로 삼고, 학을 자식으로 삼고 살았다는 말이다. 강희안_{姜希顏}은 매화 시를 쓰기도 했지만 난을 특별히 좋아하여 「애란설_{愛蘭說}」을 짓기도 하였다. 중국의 도연명_{陶淵明}은 특별히 국화를 좋아했으며 송_宋의 주돈이_{周敦頤}는 연꽃을 좋아하여 「애련설_{愛蓮說}」을 지었다. 이들은 모두 자기가 좋아하는 꽃을 찬탄해 마지않았다.

매화 가운데 설중매는 눈 속에 핀다 하여 더욱 사랑받았다. 청매는 꽃잎이 푸른빛을 띠고 있기 때문에

청매라 한다. 홍매는 색이 짙은 것도 있고 옅은 것도
있다. 피는 시기도 조금씩 차이가 난다. 같은 나무라
도 햇볕을 잘 받는 쪽 가지에서부터 먼저 꽃이 핀다.
모란牧丹이 부富를 상징하는 꽃이라면 매화는 가난[貧]
을 상징한다. 가난하지만 결코 초라하지 않은 기품
있는 지조와 절개를 동시에 상징한다. 사람의 영혼을
가장 맑게 해 주는 꽃이라고 말해 오기도 했다. 청렴
결백한 청백리의 정신을 비유하는 꽃이기도 하다. 조
선조 중기의 문신 상촌象村 신흠申欽이 지은 시에 "매화
는 일생을 춥게 살아도 향기를 팔지 않는다梅一生寒不賣
香"라는 구절이 있다. 아무리 불우한 환경 속에서 좌
절을 맛보며 춥고 배고픈 시절을 보낸다 하여도 지조
를 무너뜨리지 않고 군자의 덕과 선비의 올곧은 기품
을 잃지 않는다는 뜻이다. 그리하여 매화를 한사寒士
라고 비유해 말하기도 했다. 소나무, 대나무와 함께
세한삼우歲寒三友라 하여 역경 속에서도 지조와 절개를
지키는 선비의 정신을 대변하는 말이 만들어지기도
했다.

이렇듯 매화의 이미지는 고결한 정신의 맑은 기품
이다. 안빈낙도安貧樂道를 상징하는 청렴의 꽃이기도
하다. 어쩌면 오탁악세五濁惡世를 정화시켜 주는 덕의
향기를 지닌 꽃이라 해야 매화 예찬론이 제대로 될
것 같다. 누구나 가슴속의 뜨락에 매화 한 그루 심어
놓고 살아갔으면 좋겠다.

····

절제와 겸손

사람에게 있어서 생활의 태도가 중요하다. 이것이 좋
아야 인격이 바로 설 수 있는 것임은 너무나 자명한
일이다. 운동을 할 때도 몸의 기본자세가 있듯이 사
람의 생활에도 올바른 기본자세가 있다. 특히 윤리 ·
도덕적 규범을 가지고 말한다면 사람의 행동에는 준
칙이 있고, 해야 할 일과 하지 말아야 할 일이 엄연히
구분된다. 물론 사람 사는 생활방식이 시대마다 다르

기 때문에 행동습관도 변화되어 달라진다는 것은 말할 것도 없는 일이지만 그럼에도 불구하고 요즈음 새삼 사람 사는 것이 무엇인가 하고 물어 보고 싶을 때가 많다. 왜 그런가 하면 사람의 행동에 충격을 받아 사람에 대한 의문이 생길 때가 많아서이다.

먼저 각종 뉴스에 나오는 사건보도들을 보면 어이가 없는 것이 한두 가지가 아니다. 굳이 하나하나 열거할 것도 없이 보통의 상식으로 이해할 수 없는 사건보도들이 너무나 많다는 것이다. 만물의 영장이란 사람의 격格이 무너지고 사람이 할 짓이 아닌 짓을 하여 사회적 충격을 주는 사례들을 자주 듣고 보게 된다. 마치 우리 사회가 범죄와 부패의 온상이 된 것 같은 이야기들이 줄줄이 터져 나와 또 그런 이야기냐 하고 사람들의 마음을 식상하게 하고 있다. 아무리 세속적인 생활이라 하여도 인생은 욕망에 집착하여 내 마음대로 하고 사는 것이 결코 아니다. 어떤 행위도 행동에 앞서 떳떳한 명분이 있어야 하며 감정의 여과가 필요한 것이다. 욕망을 주체하지 못하는 그 순간 바로 내 인격이 무너지는 것이다. 요즈음 세태는 직선적인 감정을 가지고 남을 전혀 의식하지 않고 아무렇게나 서슴없는 행동을 마구 하는 풍조가 나타나는 것 같다. 개인주의가 발달하여 사회적 공익을 무시하는 절제 없는 행동이 공격적으로 일어나는 사례가 많다. 곧잘 부아가 난 거친 생각을 일으켜 그 생각에 사로잡히기 때문이다. 말이 거칠면 이것을 언어의 폭력이라 하듯이 생각이 거친 것도 하나의 폭력이 된다. 왜냐하면 생각도 하나의 행위이기 때문이다. 의업인 생각은 1차적으로는 밖으로 표시되지 않는 무표업無表業이지만 이것이 2차적으로 신업과 구업의 표업表業으로 나타나면서 폭력을 발휘할 때가 빈번해지고 있다는 것이다.

과학문명이 발달할수록 인간사회에 폭업暴業이 많아진다. 예의범절이 사라지고 치열한 경쟁심으로 상대를 이기려고만 생각하는 마음이 앞서서 자신도 모르게 포악한 마음을 가져 버린다. 그래서 인간사회가 점점 더 폭력화되어 가고 있는 것이다. 그러므로 범죄율이 증가하고 사고율이 높아가는 것이다. 육체의 에너지가 과다하게 방출되면 반드시 휴식이 필요한 것처럼 생각도 휴식이 필요하다. 조용한 마음이 되어 생각을 가라앉히고 비우는 연습이 필요한데 이런 시간을 갖기가 어렵게 되었다. 사회의 구조라는 것이 따지고 보면 인간의 의식구조에서 만들어지는 것이다. 현대사회의 구조적인 모순은 인간의 의식구조가 복잡하고 의식 자체가 쉽게 거칠어지는 데 있다. 사람의 가슴에 거친 생각을 품지 말아야 한다. 증오하고 원망하고 남을 무시하는 생각을 가져서는 안 된다. 부드럽고 온화한 생각을 품고 살아야 한다. 설사 참을 수 없는 화나는 일이 생기더라도 분노해서는 안 된다.

"타면자건唾面自乾"이라는 고사성어가 있다. 남이 내 얼굴에 침을 뱉었을 때 손으로 닦지 말고 저절로 마르도록 내버려 둔다는 뜻이다. 당나라 측천무후의 신하

였던 누사덕婁師德이 외지로 부임해 가는 자기 동생에게 해 주었다는 말이다. 남이 내게 화를 내고 모욕을 주어도 꾹 참아 응대하지 말 것을 일러준 말로 얼굴에 침을 뱉어도 뱉은 사람이 보는 데서 닦지 말고 피해 나와 저절로 마르게 하라는 말이다 처세에 있어서 고도의 인욕을 발휘하고 살라는 뜻이다. 인욕은 감정의 절제이다. 감정이 절제되면 하심下心을 할 수 있다. 하심이 되면 겸손의 덕이 스스로 갖춰진다. 이 절제와 겸손을 생활 속에 습관화시켜야 한다. 가까운 사이에서부터 먼 사이에 이르기까지 사람 사이에 가장 필요한 것이 이 절제와 겸손이다. 사람과 사람의 마음을 부드럽게 하고 편안하게 하는 지름길을 닦는 것이다. 마음이 부드럽고 편안할 때 자유가 느껴진다. 감정에 북받쳐 있는 것은 스스로의 마음이 부자유스러워 속박되어 있는 것이라는 점을 알아야 한다. 절제는 마음의 구속이 아니다. 방종이 자유가 아니듯이 절제된 마음은 불행을 당하는 사고의 예방이다. 절제 속에 행복이 보장되는 것이다. 그러니까 행복해지기

위해서는 먼저 절제되어야 한다. 방종과 방탕은 자유
도 아니고 행복도 아니다.

사람의 희로애락의 감정이란 불어오는 한 줄기 바람
에 불과하다. 바람은 멈추지 않고 지나고 나서 없어
져 버린다. 나고 죽는 생사마저도 한 줄기 바람이라
하였다. 그렇다면 인생도 한 줄기 바람 같은 것이란
말이다. 물론 이것은 범부의 미혹의 삶, 생멸심 속에
서 하는 말이다. 깨달은 마음에는 본래 바람이 없는
것이다. 바람 없는 세상이 부처님의 나라다.

••••

겨울 산 이야기

겨울이 되면 잎 떨어진 나뭇가지 사이로 보이는 산의 풍경이 매우 황량해 보인다. 허허로이 하늘을 찌르고 있는 나목의 가지들이 힘찬 구령을 내뻗고, 추위와 싸우며, 투혼을 발휘하고 있는 것 같기도 하다. 짙푸른 침엽을 달고 있는 소나무가 서 있는 곳에는 그런대로 청산의 기품이 느껴지지만 앙상한 가지들만 노출되어 있는 나목들의 구역은 숲이라기보다는 막대기들의 도열 같다. 꽃피고 신록이 번지던 봄의 산, 무성한 잎들이 짙은 녹음을 이루던 여름의 산, 울긋불긋한 단풍이 물들었던 가을의 산에 비해 겨울의 산은 별로 찬란하다 할 경치가 없다. 물론 눈이 올 때의 설경이 있지만 이것은 순간의 분위기일 뿐이다. 며칠 못가 녹아 버리며, 혹 눈 뒤에 한파가 덮치면 가끔 언가지가 분질러지는 소리만 들릴 뿐이다.

그러나 겨울 산은 낭만적 분위기는 아니지만 가장 위엄을 갖추고 있는 산이다. 깊은 침묵의 무게를 가지고 가까이 다가와 산을 보는 사람을 압도해 버리는 힘을 겨울 산이 가지고 있다는 것을 나는 오랜 산거山居의 경험을 통해 알고 있다. 산봉우리에서부터 줄기를 뻗고 내려오는 산맥의 등성이, 그리고 차가운 냉기가 흘러 내리는 골짜기에서 봄에도 없고 여름, 가을에도 없던 대단한 위력이 발산되어 나오는 것이다. 한천에 솟아오른 봉우리의 정기, 등성이를 넘어 불어오는 칼바람, 만년의 동굴 같은 골짜기가 산의 몸을 냉각시키는 힘, 이런 것이 바로 겨울 산의 위력이다.

이 위력 앞에 어느 누구도 조심스럽고 겸허하게 자세
를 낮출 수밖에 없는 것이다.

나는 산에 들어와 산 지 45년이 넘었다. 출가입산出家
入山하여 스님이 되어 산 세월이지만 산을 보고 물소
리를 듣는 관산청수觀山聽水의 낙으로 무던히도 산을 좋
아하며 살아왔다. 내게는 산이 내 인생을 상징하는
의미가 되어 있다. 산에서 살고 산에서 배우고 산을
닮아 보려는 생각으로 살고 있는 것이다. 돌아가신
은사 스님으로부터 당호堂號를 받을 때 요산樂山이라는
호를 받았다. 산을 좋아한다는 뜻이다. 『논어論語』의
'요산요수樂山樂水'에 나오는 말이기도 하지만 내 개인
에 있어서는 산으로 들어와 살 팔자가 숨어 있는 말
이기도 하다. 글자와의 인연에도 묘한 것이 있는 것
같았다. 지금은 서울에 가서 강의하는 일이 자주 있
지만 내가 사는 지역은 양산이고, 법회나 강의를 하
며 활동해 온 지역이 주로 부산, 마산, 울산이었다.
산山 자字가 들어간 도시에서 주로 활동을 하며 지내

온 셈이었다. 사찰이 산속에 있고 전국의 큰 사찰은 대부분 참배를 하였으니 산 정상에는 다 오르지 못했지만 유명한 산은 거의 다 가 본 셈이다. 요산이란 호값을 톡톡히 하는 것 같다.

산은 지구가 가지고 있는 자연환경을 대변하는 것이다. 만약 지구에 산이 없었다면 지구의 가치가 현저히 줄어들었을 것이라고 말한 사람도 있다. J. 러스킨은 "산은 자연 풍경의 시초요, 그 종말이다"라고 했다. 그는 또 산을 천연의 대사원이며 참된 종교는 거의 산속에서 이루어졌다 하였다. 인류의 문명이 강가에서 시작되었다고 하나 그 강의 시원始原이 모두 산이니 모든 문화와 문명의 원시가 모두 산에 있다고 말할 수 있다. 사색과 사상의 원천이 산에서 발생했다는 말이다. 들판이나 바다보다는 산이 가지는 격이 그만큼 높아 보인다. 우리 같은 스님들도 출가하여 산으로 들어와 수도의 길을 걷지만 옛날부터 산으로 들어와 생애를 마친 은사隱士들도 많이 있었다. 세속의 복락을 등지고 방외지사方外之士가 되거나 물외한 인物外閑人이 되어 소요하며 자적하는 생애를 청복淸福이라 말하기도 하였다. 이 청복을 누리는 것이 세속의 탁복濁福을 누리는 것보다 훨씬 어려운 일이라 하였다. 소요곡逍遙谷에 은거하여 소나무와 샘물을 좋아했던 반사정潘師正과 산마루의 구름을 즐기며 살았던 도홍경陶弘景 같은 이들이 청복을 누리고 산 대표적인 인물이었다. 임금이 정사政事를 도와 달라고 불렀을 때 그들은 정중히 사양을 했다. 반사정은 고종이 원하는 것이 무엇이냐고 물었을 때 푸른 소나무와 맑은 샘물뿐이라 하였고, 구곡산에 숨었던 도홍경은 산중에 무엇이 있어 나오지 않느냐고 무제가 물었을 때 산마루에 떠 있는 흰 구름 때문에 산을 나갈 수가 없다 하였다. 이들은 부귀영화를 다투는 인생을 초월해 버렸던 사람들이다.

산의 위력은 밤에도 나타난다. 더욱 깊고 신비하게 나타난다. 특히 겨울 산의 위력은 한밤중에 나타난다. 만상이 잠들어 어둠속에 잠겼을 때 살아나는 소리 없는 메아리가 있다. 영겁을 지나온 태고의 원음이 고요한 정묵 속에 소리도 없이 들려오는 것이다. 나는 이것을 산이 내쉬는 숨소리로 듣는다. 낮에는 산의 숨소리는 들리지 않는다. 밤이 깊어야 산은 숨을 내쉰다. 산이 숨을 쉬면 모든 존재가 생명으로 다시 살아나는 것이다. 감각으로 느끼는 물리적 세계 위로 오버랩overlap 되는 신비의 세계가 산의 숨소리에서 나와 물리적 우주를 초물리적 우주로 만들어 버린다. 『화엄경』에 설해지는 비로자나 법신의 연화장세계라 할까? 온 우주 안에 있는 삼라만상이 생명의 존재로 살아나는 세계가 겨울 산이 내쉬는 숨소리에서 열리는 것이다. 이 산의 숨소리가 우주의 숨소리요 만류의 생명이 공급되는 호흡의 원천이 아닌가 생각해 본다.

••••
부처님이 전하는 안부

가끔 멀리 있는 사람의 안부가 생각나서 근황이 어떤지 궁금해질 때가 있다. 사람의 정 속에는 때로는 보고 싶고 그리운 사람의 얼굴이 떠오르기도 하고 말 없는 말로 생각을 서로 주고받기도 한다. 친한 사람일수록 자주 만나게 되고 또 멀리 떨어져 있는 경우에는 마음속으로 안부를 물으며 별 탈 없이 잘 지내기를 바라기도 한다.

국어사전에는 "안부安否"를 '어떤 사람이 편안하게 잘 지내는지 그렇지 않은지에 대한 소식'이라고 설명해 놓았다. 편안하게 잘 지내는지 그렇지 않은지에 대한 소식, 이 소식이 사람의 사적인 입장에서는 가장 중요한 소식이다. 아무리 TV나 라디오에서 방송하는 종합뉴스를 많이 들어도 그렇구나 하는 마음으로 남의 일처럼 들려지는 것이 많지만 안부를 물어야 할 사람의 소식은 나와 맺어진 정이나 친분이 있기 때문에 남의 일처럼 느껴지지는 않는다. 사람 사이에 안부를 묻고 지내는 사이는 인간적 유대가 맺어져 있는 사이라 할 수 있다. 서로의 마음에 기본적 신의와 의리가 상호 교류하는 사이이기도 하다. 러시아의 문호 톨스토이는 사람이 안부를 자주 전하면서 살아야 한다 하였다. 그는 안부는 자주 전할수록 더욱 좋은 일이라 하였다.

불교 경전인 『법화경』「묘음보살품」에는 부처님과 부처님 사이에 안부를 전하는 장면이 나온다.

묘음보살이 영락목걸이처럼 만들어진 보석을 꿴 것을 가지고 석가모니부처님이 계시는 영축산에 이르러 머리를 조아려 부처님 발에 예배하고 영락을 바치고 부처님 께 사뢰었다.

"세존이시여, 정화수왕지부처님께서 세존께 문안을 여쭈었습니다. 병도 없으시고 고뇌도 없으시며 지내 시기가 편안하고 즐거우십니까? 몸은 건강하시며 세 상일은 견딜 만하십니까? 중생제도는 잘되고 있으신 지요? 중생들이 탐심을 부리고 화를 잘 내며 어리석 고 질투하고 오만한 것이 많지는 않은가요? 부모에게 불효하며 사문을 불경하는 그릇된 소견을 가진 자는 없습니까? 마음 착한 사람은 많습니까?

또 다보여래께서도 안부 전하셨습니다.

편안하시고 걱정 없이 지내시며 사바세계에 오래 계 실 수 있으신지 안부 전하셨습니다."

이 대목을 보면 중생세계를 지키고 있는 부처님에 게 부처님의 안부와 함께 중생들의 사정을 물은 것 같다. 부모에게 효도를 하느냐 등 중생들의 잘못이 어느 정도인지도 묻는다.

선리적禪理的으로 말하면 부처님의 안부는 사람의 자성自性에 대한 안부다. 개개인 누구나가 가지고 있는 마음의 성품자리, 곧 불성에 대한 안부이다. 한 개인의 입장에서 말하면 이는 내가 나에게 전하는 안부이다. 진정한 자아에 대해 무관심하고 망각한 상태로 있는 허깨비 같은 환화공신幻化空身의 존재에게 부처의 공덕을 갖고 있는 자기 진심에게 안부를 물으라는 메시지를 전하는 것이 부처님의 안부이다. 사람은 누구나 이 부처님의 메시지를 전해 받을 줄 알아야 한다. 휴대폰의 문자메시지를 주고받는 안부교환이나 정보교환보다 더욱 중요한 것은 자신에 대한 안부를 자신에게 물어 보는 것이다.

『대승기신론』에서는 마음을 진여眞如와 생멸生滅로 나누어 설명한다. 참되고 한결같은 마음의 본체를 진여라 하고 생각이 일어났다 없어지는 움직이는 마음을 생멸이라 한다. 생멸심에서는 언제나 번뇌가 일어난다.

그러나 진여심에서는 번뇌는 일어나지 않는다. 아무리 번뇌를 많이 가지고 사는 중생이라 하더라도 그 번뇌가 본래 없던 진여심에 의해 일어나는 것이다. 마치 본래 파도가 일어나지 않던 바다나 호수의 물이 바람 때문에 파도가 일어난 것과 같은 이치다. 따라서 아무리 사람이 번뇌에 시달리며 살더라도 그 번뇌는 본래 없었던 것이란 말이다. 그래서 번뇌를 객진번뇌客塵煩惱라 한다. 손님으로 와 있는 번뇌라는 말이다. 내 집에 찾아온 손님이 내 집의 주인은 아니다. 손님은 잠시 머물다 떠나는 것이다. 그렇기 때문에 기실 사람은 번뇌의 주인공이 될 수는 없는 것이다. 왜냐하면 내 집을 찾아온 손님이 주인이 될 수 없기 때문이다. 근본적인 이치에서 보면 번뇌에 시달리는 것이 어리석음이다. 마음이 지혜로운 상태가 되었을 때는 번뇌는 일어나지 않는 것이다. 그래서 "자비에는 미움이 없고 지혜에는 번뇌가 없다" 하였다.

부처님이 중생에게 전하는 안부는 지금 가지고 있는

번뇌가 어떠하냐는 안부이며, 이것이 바로 내가 나에
게 물어보는 안부인 것이다. 내 마음의 진여와 생멸
이 서로 안부를 묻고 지내도록 하여 내 정신을 발전
시키는 것이 자신에 대한 인생의 의무이다.

산승이 마음으로 전하는
안 부

초판 1쇄 펴냄 2015년 4월 24일
개정 1판 1쇄 펴냄 2015년 6월 12일

저　　자 | 지안 스님
사　　진 | 조완
발 행 인 | 이자승
편 집 인 | 김용환
펴 낸 곳 | (주)조계종출판사

편　　집 | 김재호, 김소영, 오유진
디 자 인 | 오시현, 최아름
제　　작 | 윤찬목, 인병철
마 케 팅 | 김영관

출판등록 | 제300-2007-78호(2007. 4. 27)
주　　소 | 서울시 종로구 우정국로 67 대한불교조계종 전법회관 7층
전　　화 | 02-720-6107~9
팩　　스 | 02-733-6708
홈페이지 | www.jogyebook.com
도서보급 | 서적총판사업부 031-945-4536
구입문의 | 불교전문서점 02-2031-2070~3 / www.jbbook.co.kr

ⓒ 지안 스님 · 조완, 2015

ISBN 979-11-5580-051-5 03220
값 16,000원